영유아교수방법

김현자 · 한성심 · 임미선

eaching Methods in Early Childhood Education

태영출판사

2012년도에 어린이집과 유치원의 만 5세 누리과정이 도입되었고, 2013년부터는 만 3~5세 누리과정이 도입되어 교육·보육 현장에서는 제3차 표준보육과정과 누리과정을 적용하고 있다. 이를 위해 교사들은 표준보육과정과 누리과정에 관한 교육을 계속해서 받고 있다. 큰 변화는 아니지만 무언가 새로운 것이 도입이 되니 현장적용에 부담을 느낄 수 있다. 따라서 아직 현장에 발걸음을 내딛지 않은 예비교사들은 이미 실행하고 있는 표준보육과정과 누리과정에 관한 기본적인 이해는 갖추고 있어야 한다. 유치원과 어린이집 교사가 되었을 때 무엇을 어떻게 가르쳐야 하는지에 대한 기초를 대학에서 준비하여 나간다면 현장에 적응하는 시간과 부담을 훨씬 줄일 수 있을 것이다.

예비교사들이 보다 충실히 교수방법에 대한 수업과 활동을 통하여 자신감과 창의성을 갖춘 교사로 준비되어 현장에 서게 된다면 아이들을 위해 유익하고 좋은 환경을 제공하게 될 것이며, 교사로서 자부심도 느낄 수 있다는 기대로 본 교재를 집필하게 되었다.

본 교재가 영유아를 어떻게 가르치는 것이 효과적인가에 대한 정답을 제시하고 있다고는 말할 수 없으나 유아교육 선진화 방안과 보육교사 자격관리 개선에 발맞추어 '영유아교수방법" 교과목에서 필수적으로 다루어야 하는 내용지침에 따라 내용을 구성하였다는 점과 개별 영유아의 흥미와 요구, 연령별 발달 등에 적합한 상호작용과 교수법의 방향을 제시하는데 중점을 두었다는 점이 본 교재의 특징이라 할 수 있다.

영유아를 위한 교수·학습방법에서 주요 요소로는 교사와의 상호작용, 교수매체와의 상호작용을 포함하는 환경이 있다. 이들 요소 간에 상호관계와 제시하는 교수방법이 영유아보육·교육 환경의 질에 영향을 미치며 교육환경의 질적 향상을 가져다 준다. 따라서 본 교재에서는 상호작용, 교수매체, 환경구성을 핵심으로 다루었으며 이에 따른 교사의 역할에 초점을 두었다.

본 교재는 총 3부로 나누어 구성하였다. 제1부에서는 영유아 교수방법의 기초로 영유아교수 · 학습의 이론 및 원리, 교육과정과 교사의 역할을 다루었으며, 제2부에서는 영유아 교수방법의 주요요소로 긍정적 상호작용, 창의적 교수법, 교수매체, 환경구성을 다루었다. 제3부에서는 영유아 교수방법의 실제로 교수활동의 계획, 자유선택활동과 대 · 소집단활동의 예시를 다루었다.

본 교재가 교사로 나가기 전에 기본적으로 갖추어야 하는 여러 가지 지식과 방법을 익히는데 도움이 되기를 바라며, 본 교재에 필요한 현장성 있는 내용에 협조해 주신 안성의 파랑새, 참사랑, 인지, 숲속마을 어린이집 원장님들과 평택의 아이다움 유치원 선생님들께 감사의 마음을 전하고 싶다. 또한 두원공과대학교 유아교육과 아동복지과 학생들, 그리스도대학교 아동복지학과 학생들, 그리고 현장에서 근무하고 있는 졸업생들의 발표자료 일부를 첨부했음을 밝히며 그들도 기꺼이 허락하여 주어 고맙다는 마음도 전한다. 끝으로 이 책의 출판을 허락하여 주신 태영출판사 김현태 사장님과 임직원 여러분께 진심으로 감사를 드린다.

2015년 7월

저자들

PART I. 영유아 교수방법의 기초

PART III. 영유아 교수방법의 실제

Part I

영유아 교수 · 학습방법의 기초

Chapter 01

영유아 교수 · 학습의 이해

교수 · 학습의 개념 파악과 영유아기의 교수 · 학습을 위한 발달특성을 이해한다.

교수와 학습은 양적인 학습행위로 성공여부를 판가름할 수 없다. 영유아를 대상으로 교수하고 학습하는 바람직한 교육방법이 되기 위해서는 영유아에 대한 특성은 물론 교수 · 학습에 대한 기본 개념을 파악하고 있어야 한다. 이를 위해서 본 장에서는 교수 · 학습의 개념, 영유아의 발달 특성 및 욕구 등을 통한 교수 · 학습의 이해를 다루었다.

1. 교수 · 학습의 개념

교직을 선택하는 사람들의 주된 목적은 교육대상을 잘 교육해서 변화와 성장의 모습을 보며 보람을 느끼고자 하는데 있다. 교육대상을 어떻게 교육하느냐에 따른 방법은 교사가 가르치며 느끼는 교수효능감과도 관련이 있다. 교육에는 결과가 수반된다. 물론 교육의 결과가 나타나는 시기는 개인마다 차이가 있을 수 있다. 교육(教育)의 사전적 정의를 보면, 지식과 기술을 가르치며 인격을 길러주는 것으로 되어 있다. 이러한 교육의 성과를 위해서는 교육내용이 필요하지만 내용 이상으로 중요한 것이 가르치는 방법일 것이다. 즉 누가 어떻게 가르치는냐에 따라 교육의 성과가 달라진다고 하겠다.

교수는 teaching과 instruction으로 사용하고 있다. 우리말에서 교수는 '가르쳐 주는 것'을 의미하고, 수업은 '주는 일'을 의미한다. 영어에서도 명쾌한 합의는 이루어지지 않고 있으나 대부분 instruction을 교수로, teaching을 수업으로 구별하고 있다(변영계, 2005). 교수란 교육적 의도를 가지고 하는 일체의 활동을 의미하며, 영유아가 특정한 조건하에서 학습할 수 있도록 영유아를 둘러싼 환경을 의도적 · 계획적으로 조작하는 과정이다.

레겔루스(Reigeluth, 1983)는 교수를 수업에 비해 포괄적이며 구체적으로는 설계, 개발, 실행, 관리, 평가가 포함되는 것이며 수업은 교수의 영역 중에서 교사의 적용과 실행에 중점을 두는 것으로 구분하였다. 따라서 교수는 교사가 영유아들을 지도하는 수업을 포함하는 것으로 볼 수 있다.

학습에 대한 정의를 보면 학습의 내용을 행동의 변화로 보는 행동주의적 관점과 학습을 통찰, 지각 또는 동기의 변화로 보는 인지주의적 관점이 있다. 결국 학습이란 경험(훈련이나 연습 등)을 통하여 학습자에게 일어나는 비교적 지속적인 행동이나 인지의 변화라고 정리할 수 있다(변영계, 1999). 학습에 대한 가장 보편적인 정의는 경험에 의해 인간의 인지적 행동, 정서적 행동, 정의적 행동, 신체적 행동에 변화가 일어났을 때, 학습이 일어났다고 말한다(황정규 외, 1998).

〈표 1-1〉은 학자들의 교수와 학습에 대한 정의들을 정리한 내용이다.

표 1-1 교수 · 학습의 정의

교 수	학 습
개인으로 하여금 특정한 조건하에서 또는 특정한 사태에 대한 반응으로서, 특정한 행동을 나타내도록 학습하게 하거나 그 특정한 행동에 참여할 수 있도록 개인을 둘러싼 환경을 계획적으로 조사하는 과정이다(Corey, 1967).	한 개인이 사회의 일원으로 여러 가지 능력들을 기르게 되는 복합적이고 다면적인 과정이다. 즉, 학습은 한 개인이 능력있는 사회인으로서 필요한 언어정보, 지적기술, 인지전략, 운동기술과 태도라는 다양한 학습능력들의 습득을 목적으로 하는 복잡한 과정이다(Gagné & Briggs, 1975).
수업에 비해 포괄적인 것으로 구체적으로는 설계, 개발, 적용, 관리, 평가를 포함하는 것이다(Reigeluth, 1983).	유전에 의해 유도되지 않은(성숙, 발달 등) 살아있는 유기체의 통찰, 행동, 지각 또는 동기의 변화다(Bigge, 1964).
교육방법의 범주에 속하는 것으로 교사가 학습자와 더불어 교육목적과 목표를 설정하고, 목적추구 활동을 계획 · 수행하며, 목표 달성도를 평가하는 작업과정을 총칭한다(Alexander & Halverson, 1956).	경험의 결과로 인하여 어떤 개인의 지식, 행동, 또는 태도가 비교적 지속적으로 변화되는 것이다(Hilgard & Bower, 1981; Mayer, 1982).

출처: 김현자 · 한성심, 2012.

교수와 학습은 교육에서 가장 중요한 부분으로 가르치고 배우는 과정을 의미한다. 그러므로 교수방법은 가르치는 절차나 방법을 의미하는 것으로 정의할 수 있다. 황정규 등(1998)은 교수방법다운 교수방법이 되는 세 가지 조건을 다음과 같이 제안하였다.

첫째, 가르치는 행위(teaching)와 배우는 행위(learning)가 존재해야 한다. '가르치다'라는 개념은 그 속에 이미 '학습한다'라는 행위를 내포하고 있지만, '학습한다'라는 행위는 가르치는 행위 없이도 일어날 수 있다.

둘째, 학습이 일어나야 한다. 가르치기는 했는데 학습이 일어나지 않아서는 교수방법이라고 말할 수 없다. 학습자에게 학습이 일어나도록 하기 위해서는 '가르치는 쪽의 유도행위(inducement)'가 있어야 하며, 동시에 '학습행위가 성공적'이어야 하고, 그것이 '의도적(intentional)'이어야 한다.

셋째, 교수방법으로 동원되는 가르치는 행위가 규범적 준거, 도덕적 준거에 비추어 보아 정당해야 한다. '강압적, 위협적'인 상황 속에서 가르치거나, 개인이나 사회에 위해를 가하면서 가르치거나 혹은 세뇌적인 방법으로 가르치는 행위는 정당화될 수 없다.

교수 · 학습방법은 어떤 대상에게 어떻게 접근할 것인가에 대한 방법에 해당되는 것이다. 영유아를 대상을 그들에게 적합한 학습이 되도록 교수방법을 모색하는 것은 필요한 개념과 지식 등을 제공하는 것으로써 그들의 건강을 위해 필요한 영양소와 양을 정해서 제공하는 것과 마찬가지로 중요한 과정이다.

교사는 적절한 학습 경험을 제공하려는 교육적 의도를 가지고 있으며, 교사의 교육적 의도는 교육목표, 교육계획, 교수전략, 상호작용, 평가 등을 통하여 실현된다(최윤정, 2014). 따라서 본 서에는 효과적인 교수방법을 찾아가기 위해 교수 · 학습의 이론과 원리 및 유형에 대한 이해를 토대로 긍정적인 상호작용과 창의적인 교수법 및 교수매체 등을 살펴보게 될 것이다.

2. 영유아 발달특성 이해

1) 영아기의 발달

(1) 영아기의 발달특성

영아는 '갓 태어난 아이'란 뜻으로 대개 신생아부터 2세된 아기를 말하며, 영아기(infancy)는 언어가 없는 시기라는 뜻(Field, 1990)을 갖는다. 이러한 시기에 일생을 통해 가장 괄목할 만한 발달을 나타낸다는 것은 생애에 가장 중요한 시기라고 볼 수 있다.

[사진 1-1] 영아기 활동 1

[사진 1-2] 영아기 활동 2

이 시기는 생애 주기의 단계로 충분한 사랑과 양육이 필요하며, 수동적 또는 능동적으로 환경과 상호작용을 하며 지식을 구성해야 하는 시기이다. 이와 같은 특징을 구체적으로 살펴보면 다음과 같다.

1 제1성장 급등기

영아기는 출생 후 1년 내에 신체와 뇌의 성장이 급속도로 이루어지며, 일생 중 신체적 발달이 가장 빠른 시기로서, 흔히 제1성장 급등기라고 한다. 따라서 신체와 두뇌의 가장 큰 변화가 이루어지는 매우 중요한 시기인 것이다.

이 시기는 감각-운동(sensory-motor)에 의하여 행동하며, 혼자서 이동이 가능해지기도 하지만 사고와 학습을 위한 토대가 형성되는 시기이다. 영아들은 눈에 보이는 것은 무엇이든지 잡으려고 엎드려 기어다니면서 딸랑이를 손에 잡아보기도 한다. 그러다가 딸랑이를 잡고 일어서게 되고 나아가 딸랑이를 던지는 행동까지 하게 된다.

이는 미분화된 기능에서 기능의 분화로, 다시 통합의 과정으로 진행된다. 즉 신체의 각 부분이 분화되어 통합적인 행동을 취하게 되는 것이다(곽금주 외, 2005).

2 전뇌교육(前腦教育)의 시기

영아기는 양쪽 뇌를 조화롭게 잘 이용하는 것이 한쪽 뇌만을 사용하는 것보다 훨씬 교육적 효과가 크며(서유헌, 2006), 신체발달뿐 아니라 언어발달의 점진적인 변화와 사회 · 정서발달의 기본적인 토대가 이루어지는 민감한 시기이다.

인간으로서 생활하기 위한 가장 기본적인 생리적 습관이 이루어지기 시작하는 시기이며, 운동능력의 발달로 인하여 자신의 신체를 조정할 수 있게 된다. 또한 의사소통의 수단이 되는 언어를 획득하기 시작하여 성인과 기본적인 상호작용을 시작하고, 자기와 타인에 대한 개념의 형성과 정서 표현이 가능해져 사회화가 시작된다(김나영 외, 2005).

3 사랑과 양육의 시기

영아기에는 전적으로 양육자에게 의존하여 자신의 욕구를 충족하게 되는데, 이는 양육자의 따뜻한 보살핌을 통한 사랑의 전달이라고 할 수 있다. 영아는 양육자와의 안정된 관계형성을 통해 이후의 대인관계를 결정하게 되며, 양육자와의 언어적 · 신체적 상호작용은 영아들의 언어발달과 지적인 성장을 촉진시켜 준다.

(2) 영아기의 주요 발달과업

1 애착형성

만 1세 전에는 양육자와 형성하는 애착관계가 매우 중요하다. 영아를 돌보는 사람은 영아와 따뜻하고 긴밀한 관계를 맺게 되며, 이를 통해 영아는 소중한 자신을 인식하고 사회에 대해 긍정적인 신뢰감을 갖게 된다.

애착이라는 용어는 볼비(Bowlby)가 모자간의 유대관계를 설명하면서 최초로 사용한 개념으로, 영아가 자신과 가장 가까운 사람과 강한 정서적 유대를 맺는 것을 뜻한다(Ainsworth et al., 1978). 애착형성을 설명하는 대표적인 이론으로는 애착을 학습경험의 산물로 보는 행동주의 이론, 어머니가 수유를 통해 구강적 욕구를 만족시켜 주기 때문에 영아가 어머니에게 애착하게 된다고 보는 정신분석이론, 애착을 종의 생존을 보장하는 진화된 행동체계로 보고 본능이 애착형성 과정에서 중요한 역할을 한다고 보는 동물행동학이론 및 영아의 애착형성 능력은 전반적인 인지발달과 밀접하게 관련되어 있다고 보는 인지발달 이론을 들 수 있다. 이러한 애착형성 이론들은 다소의 견해차는 있으나 영아가 애착을 통해 사회 환경에 대한 기본적인 신뢰감과 안전감을 발달시킨다는 데 동의한다(강문희 외, 2005).

2 대상영속성

피아제(Piaget)가 제안한 대상영속성은 감각운동기 동안 6단계에 걸쳐 발달하는데, 8~12개월의 영아는 대상개념에서 획기적인 발달을 하게 된다. 완전히 숨겨져서 시야에서 사라진 물체로 팔을 뻗거나 덮개를 제거한다. 이것은 대상영속성과 지각적으로 부재하는 사건들의 제한된 구성을 허용하는 중심과정이 지속되는 것을 의미한다. 그 후 영아들이 몇 가지 덮개들을 제거하기에 충분할 정도로 오랫동안 원하는 물체를 갖는다는 사실은 이런 중심과정이 지속성이 증가했음을 의미한다(곽금주 외, 2005).

12~18개월의 영아는 대상물을 어디에 숨기든 가장 최근에 사라진 곳에서 대상을 찾는 능력을 보이게 된다. 즉 대상의 위치이동에 대한 이해를 하는 것으로 완성된

다. 감각운동기 5단계인 12~18개월에는 자신이 볼 수 있는 위치이동에서는 위치 추적이 가능하지만, 볼 수 없는 위치이동에서는 대상의 숨겨진 위치를 정확하게 추적하는 능력을 갖고 있지 않다고 하였다.

영아들이 좋아하는 그림책 중에 주인공을 찾아보는 책(예, '스팟이 어디에 숨었나요?')은 대상영속성의 발달에 대한 관찰 및 발달을 도울 수 있는 하나의 예가 될 수 있다.

3 대소변 훈련

대소변의 훈련은 괄약근의 조절능력의 발달과 함께 이루어진다. 대소변을 실수하는 것은 통제에 필요한 근육과 신경이 아직 성숙되지 않았기 때문이다. 생후 6~7개월이 되어야 성숙이 이루어지며, 15개월을 전후로 해서 대소변을 보는 시기나 시간을 어느 정도 알 수 있으며, 소변을 보는 시간의 간격도 상당히 길어진다. 일반적으로 소변보다 대변을 더 일찍 가리게 되어 13~15개월 정도 되면 가능하며 소변은 20개월 정도 되어야 가능하다. 그리고 24~30개월이 되면 혼자서 용기를 사용할 수 있다.

대소변 가리기 훈련은 영아의 발달단계를 고려하면서 개인의 건강 상태와 정서 상태에 따라 시키는 것이 좋다. 영아가 혼자서 일어서고 앉을 수 있을 뿐만 아니라 쉽게 걸을 수 있을 때, 그리고 말을 알아들어 모방을 좋아하며, 배설 작용에 흥미를 느낄 때가 효과적이며, 결코 서둘거나 강요해서는 안 된다(김나영 외, 2005).

(3) 영아의 발달특성과 교사의 역할

영아기의 발달특성에 따른 교사의 역할을 김희진 등(2005: 31~41)이 제시한 내용을 토대로 정리해 보면 다음과 같다.

표 1-2 영아의 발달특성과 교사의 역할

영역	발달특성	교사의 역할
신체	■ 이행능력, 조작능력, 일상적 습관이 발달하며, 배설습관이 형성된다. · 보폭이 적당해지고 걸음에 맞추어 팔을 흔들며 리듬감 있게 걷게 된다. · 계단에서 뛰어내릴 수 있게 두 발로 함께 뛰어오르고 내릴 수 있다. · 발, 어깨, 몸을 사용하지 않고 팔만 뻗어 던지기를 할 수 있다. · 옷에 달린 큰 단추, 거는 단추 등을 끼울 수 있다. · 숟가락을 효율적으로 사용할 수 있다.	· 신체발달지표를 파악하여 적절한 환경을 제공하고 발달하는 신체운동능력을 연습할 기회를 제공한다. · 뻗기, 잡기, 쥐기 등의 소근육 발달을 지원할 수 있는 환경과 놀잇감, 기회를 제공한다. · 운동 기능간의 협응이 필요한 활동을 계획하여 제공한다. · 실내 · 외에서 활발하게 움직일 수 있는 기회를 제공한다. · 안전에 유의한다.
인지	■ 감각기관을 통한 탐색이 이루어지고, 주변 세계에 많은 관심을 갖게 되며, 다양한 학습이 이루어진다. · 표상능력이 급속도로 발달해 언어, 상상놀이, 상징을 이해하는 능력이 증가한다. · 내부의 정신적 상태와 외부의 물리적 사건 사이의 차이점을 구별하기 시작한다. · 간단한 모양을 분류하며, 시간에 대한 이해가 가능하다.	· 다양한 특성(재질, 모양, 크기 등)을 가진 사물을 탐색할 기회를 제공한다. · 놀이를 통해 자발적으로 인적, 물적 환경과 상호작용할 기회를 제공한다. · 영아의 인지적 탐색과정에 교사가 적절히 지원한다(예, 근접발달지대 내에서의 지원). · 다양한 표상 및 상상놀이를 할 수 있는 기회를 제공한다.

영역	발달특성	교사의 역할
언어	■ 어휘가 급속히 증가하며, 점점 효율적인 의사소통 기술을 활용한다. · 이름을 부르면 알아듣는다. · 동요, 동화듣기를 좋아하며, 선호하는 책이 있다. · 2개의 단어를 결합해 사용하는 두 단어 시기가 시작된다. · 어휘능력이 향상되며 주어와 동사를 사용한다.	· 자음, 모음과 단어를 활용하여 영아의 목울림 소리와 옹알이에 반응해 준다. · 영아가 보는 것을 함께 보아 주고 그것에 대해 이야기해 준다. · 영아의 요구를 파악하여 앞서 문제를 해결해 주기보다는 영아가 스스로 표현할 기회를 갖도록 기다려 준다. · 영아와 가능하면 자주 이야기를 나눔으로써 언어 발달을 촉진한다. · 다양한 그림책을 읽어 줌으로써 어휘, 문법, 의사소통 규칙, 상징과 이야기 구조 같은 언어의 다양한 측면에 자연스럽게 노출되도록 한다.
사회·정서	■ 또래와 장난감에 관심이 많으며, 성인에게 애정표현을 하기도 하면서 성인의 주의를 끌고 싶어한다. · 자아개념과 자아존중감이 발달하기 시작한다. · 자신이 의도한 행동과 의도하지 않고 행한 행동을 구별하게 된다. · 감정이입 능력이 발달한다. · 성유형화된 사고와 행동이 증가한다. · 일차 정서(기쁨, 분노, 공포)와 이차 정서(당황, 수치, 죄책감, 질투)가 발달한다.	· 어린이집에 잘 적응할 수 있도록 교사가 따뜻하고 민감하게 반응한다. · 교사 – 영아간의 긍정적인 상호작용을 통해 긍정적인 정서를 경험하게 한다. · 영아가 경험하는 다양한 정서의 원인을 파악하고 적절한 반응을 해 준다. · 영아가 긍정적인 자기 인식적 정서를 발달시키고 긍정적인 자아개념을 형성할 수 있도록, 성공을 통해 성취감을 느낄 수 있는 활동을 제공한다. · 또래 영아와 상호작용에 필요한 다양한 기술(예, 소리 지르지 않기, 말로 부탁하기, 차례 기다리기)을 일상생활과 놀이를 통해 익히고 연습하도록 지원한다.

2) 유아기의 발달

(1) 유아기의 발달특성

유아(幼兒)라고 하면 출생에서 만 6세까지의 대상을 말하지만, 발달특성에 따라서는 영아기, 유아기로 구분될 수 있다. 여기서는 만 3세 이상 유아의 발달특성에 대한 이해를 돕고자 한다. 이 시기는 제1성장 급등기를 지나 보다 안정적인 시기라고 볼 수 있으며, 신체, 언어, 정서 · 사회 등의 점진적이고 계속적인 발달을 보이는 시기이다. 이와 같은 특징을 구체적으로 살펴보면 다음과 같다.

1 전반적인 발달의 시기

유아기는 영아기에 비해 협응능력이 현저하게 발달하며, 다양한 신체활동을 숙달시키는 시기이다. 또한 사교적이지만 놀잇감에 대한 소유욕으로 다툼을 경험하며, 집단활동과 게임, 극놀이 활동 등에 적극적으로 참여하며 즐긴다.

2 전뇌교육의 시기

영유아기에는 시냅스 성장이 극적으로 이루어진다. 3세 무렵 유아의 뇌에는 1,000조개의 시냅스가 있으며 이 수는 이후 7년간 일정한 편이다. 이처럼 유아의 뇌는 그들이 최종적으로 필요로 할 시냅스보다 두 배 더 만들어 낸다(곽노의 · 김유미 역, 2001; 김유미, 2005).

유아기도 양쪽 뇌를 조화롭게 발달을 시켜야 하는 시기이다. 최근 들어 유아교육의 적기성에 대한 뇌인지 과학연구가 계속 입증되고 있다. 한 예로, 국내의 학계에서 바람직한 유아교육 악세 수립의 심리적 근거로 뇌인지 과학연구의 결과를 다루고 있다는 것이다.

만 4세 이후에 신피질의 왼쪽에 있는 Broca 영역이 서서히 발달하기 시작하면서 유아는 말을 정확히 할 수 있게 되며, 이 시기는 종합적인 사고를 담당하는 전두엽과 사태를 전체적으로 처리하고 리듬, 동작 및 정서를 담당하는 우반구의 발달의 주를 이룬다(김유미, 2007).

[사진 1-3] 유아기 활동

(2) 유아기의 주요 발달과업

1 이행운동 및 조작기능의 발달

유아기에는 대근육과 소근육이 발달하고 신경계통이 점차적으로 성숙함으로써 운동기술이 괄목할 만하게 발달한다. 유아는 여러 신체 기능이 분화발달함에 따라 새로운 운동형태를 계속 획득하며 많은 운동기술도 터득하게 된다. 즉 유아는 뛰고, 달리고, 자전거를 타고, 가위로 종이를 자르고, 옷을 입고, 신발끈을 매는 등 새롭고 다양한 활동을 할 수 있다.

유아기에는 자신의 몸을 움직여서 이동하는 이동운동이 급격히 증진되어 안정된 상태가 된다. 또한 대근육을 사용하여 움직이는 이행운동발달과 함께 작은 근육을 사용하는 조작적 기능이 급격히 증진된다. 지각이나 운동을 뒷받침해 주는 중추신경 및 대뇌의 발달이 5~7세경에 이루어지므로 유아기 말에 활동기능이나 근육협응이 특히 정교화된다(강경미 외, 2005).

2 주의집중력의 발달

유아기 동안 지각능력 발달은 지각과정에서 어떤 자극에 주의를 기울이고 어떤 자극을 무시하느냐 하는 주의집중력과 얼마나 정확하게 지각하느냐 하는 지각변별력이 크게 발달한다. 유아의 주의집중력은 나이가 들어감에 따라 증가한다. 유아의 주의집중력의 발달은 연령이 증가함에 따라 특정자극에 선택적으로 주의를 집중하는 능력이 증가하는 특징이 있다. 연령이 증가함에 따라 복잡한 자극에 대한 선호도가 증가한다. 그러므로 유아의 주의를 끌기 위해서는 유아의 연령에 맞는 적절히 복잡한 자극을 제시하여야 한다. 유아의 연령증가와 함께 시각적 탐색능력이 보다 완전하고 체계적으로 발달한다. 이러한 능력은 아동기까지 계속 증가한다(이옥형, 1997).

3 직관적 사고

유아기는 피아제의 인지발달 단계의 전조작기에 해당하는 시기다. 전조작기의 인지적 특징을 전개념적 사고와 직관적 사고로 구별할 수 있다. 전개념적 사고단계에서는 내재적으로 형성된 보상을 여러 형태의 상징 혹은 기호로 표현하는 상징적 기능이 발달한다. 직관적 사고단계에서는 여러 가지 개념들이 발달한다. 그러나 아직도 불완전하고 부정확하여 비효율적 방식으로 논리적 문제에 접근하는 특징이 있다.

유아들의 상징적 기능은 상상놀이, 그림, 언어를 통하여 가장 잘 나타난다. 유아들은 상상놀이를 통해 대상물, 사람, 상황 등의 속성을 재현할 수 있다. 유아의 놀이는 소꿉놀이, 기차놀이, 병원놀이, 학교놀이 등 대부분 상상놀이에 속하며, 유아의 상상놀이는 언어발달과 함께 급속하게 발달한다(강경미 외, 2005).

(3) 유아의 발달특징과 교사의 역할

유아기의 전반적인 발달에 대한 특징과 교사의 역할은 다음과 같이 제시할 수 있다.

표 1-3 유아의 발달특성과 교사의 역할

영역	발달특성	교사의 역할
신체	■ 신체성장과 함께 근육운동이 점차 분화되어 새로운 대 · 소근육활동이 가능해진다. · 약간의 도움을 받으며 혼자 옷을 입는다. · 계단을 자유롭게 오르내린다. · 음악에 맞춰 몸을 자유롭게 표현할 수 있다.	· 안전을 고려하여 일상생활 및 실내 · 외에서 할 수 있는 다양한 대 · 소근육의 활동을 제공한다.
인지	■ 직관적 사고를 하면서도 다양한 지적 변화가 이루어진다. · 인과관계의 유추가 점차 가능해진다. · 양과 공간에 대한 개념이 생긴다. · 수, 모양, 크기의 변별력이 생긴다. · 복잡한 형태의 구성놀이가 가능해지며, 게임을 즐긴다.	· 학습촉진자로서 인과관계의 유추와 변별력을 기를 수 있는 다양한 활동과 학습경험을 제공한다.
언어	■ 정확한 의사전달이 가능하다. · 자신의 생각과 감정을 말로 표현하려 한다. · 그림책을 보면서 설명을 할 수 있다. · 수수께끼 놀이를 좋아한다. · 동시짓기가 가능하며, 이야기꾸미기를 한다.	· 자유로운 의사표현에 대한 수용과 읽기, 쓰기, 말하기, 듣기의 활동을 경험할 수 있는 환경을 제공한다.
사회 · 정서	■ 감수성이 예민해지고 표현방식이 세련되어진다. · 시간과 공간에 대한 질서를 지킬 수 있다. · 간단한 규칙을 이해하고 따라 한다. · 친구와 노는 것을 좋아한다. · 이차적인 정서가 강하게 나타난다. · 사회적 기술이 증가되며, 점차 협동놀이를 한다.	· 인성형성의 모델로서 밝은 표정과 바른 언행을 통해 도덕적으로 모범을 보여준다.

출처: 김현자 · 한성심, 2012.

3) 영유아의 욕구

교사는 학습자의 흥미와 욕구를 충분히 파악하고, 환경을 변화시켜 학습동기를 유발시킬 때 학습효과가 한층 더 높이는 결과를 가져온다는 것을 알고 있어야 한다.

영유아의 기본적 욕구에 대한 이해는 매슬로우(Maslow)의 욕구의 위계(hierarchy of needs)이론을 통해 설명될 수 있다. 물론 인간이 반드시 위계에 따라서 행동하지는 않는다는 비판도 있지만, 유아의 생리적 욕구의 만족과 교육기관에서의 안전함과 소속감을 느끼며, 자신에게 자긍심을 갖는 경우에 지적 욕구를 충족시키려는 적극적인 모습을 볼 수 있다. 뿐만 아니라 이를 토대로 영유아를 지도하는 교사가 유의해야 할 사항에 적용해 볼 수 있다,

(1) 생리적 욕구

영유아는 가장 기본적인 욕구로서 맛있는 음식과 쾌적한 공기, 충분한 수면, 배설 등에 대한 욕구를 갖는다.

(2) 안전과 안정의 욕구

영유아의 기본적인 욕구로서 자신을 안전하게 하고자 하는 욕구를 갖는다. 이는 부모의 품안으로부터 점차 가족 외의 주변환경 등으로 확대되며 편안함과 안전함을 주는 모든 것을 포함한다.

(3) 애정과 소속의 욕구

영유아는 사랑하고 사랑받기를 원하며 어떤 집단에 소속되고자 하는 욕구를 갖는다. 이는 가정 내에서의 사랑과 어린이집이나 유치원에서 또래와 교사와의 관계를 통해 충족될 수 있다.

(4) 자기존중의 욕구

영유아는 자기 자신을 알고 존중하며, 다른 사람으로부터 존중을 받고자 하는 욕구를 갖는다. 이는 어린이집이나 유치원에서 기다림과 나눔, 양보 등의 경험을 통해 충족될 수 있다.

(5) 심미적 욕구

영유아들은 어떤 형태로든 심미적인 만족을 추구하며, 이는 성인에 이르기까지 지속된다. 이는 실내 · 외의 다양한 활동과 관찰 등을 통해 충족될 수 있다.

영아기는 시각적 탐색과 대 · 소근육의 발달을 통한 신체적 · 지적 능력에 대한 욕구를 가지며, 유아는 자기존중 및 성취감, 확신감 등 건전한 자아개념을 토대로 다른 경험에 대한 도전과 성취를 경험하고자 한다. 자아실현의 욕구는 영유아 시기 이후에 나타난다.

(6) 인지적 욕구

영유아는 본능적으로 새롭고 신기한 것과 의문나는 점을 탐구하려는 호기심이 많다. 이는 연령에 따라 흥미의 발달 경향과 함께 변화하는데, 알고자 하는 인지적 욕구를 충족시키기 위해 다양한 방법으로 탐구과정을 거친다.

욕구이론(need theory)에 의하면, 인간은 다양한 욕구를 충족하기 위해서 어떤 행동을 하려는 동기가 유발된다고 한다. 예를 들어, 배가 고픈 사람은 먹을 것을 찾으려고 노력할 것이고, 교사로부터 인정을 못 받은 학생은 교사의 관심과 사랑을 받으려는 행동을 하게 될 것이다 이처럼 인간의 욕구 종류와 수준은 한 인간의 행동을 선택하고 그것을 수행하는 힘을 결정하는 동기유발에 큰 영향을 미친다(변영계, 1999).

Chapter 02

영유아 교수 · 학습의 이론

✎ **교수 · 학습 이론의 기본적인 내용과 교수 · 학습을 위한 기본원리를 이해한다.**

영유아 교수 · 학습은 교사가 어떠한 철학적 · 심리학적 관점을 가지고 있느냐에 따라 교육방법이 달리 선택되고 이론에 따른 차이가 있는 학습이 이루어진다. 본 장에서는 영유아의 효과적인 학습을 위해 교사가 기본적으로 이해해야 할 교수 · 학습의 이론을 행동주의 이론, 구성주의 이론, 다중지능 이론의 측면에서 살펴보았다.

교수 · 학습방법은 교사의 철학적 · 심리학적 관점을 토대로 선택될 수 있기 때문에 어떠한 능력을 가지고 있고 어떻게 학습해 나가는지에 대한 각 교사의 선택은 교수 · 학습이론에 대한 기초를 필요로 한다.

유아 교수 · 학습은 유전적 성숙주의 이론, 행동의 환경지배주의 이론, 상호작용주의 이론의 측면에서 보는 견해도 있으나 본 서에서는 교사가 영유아를 충분히 이해할 수 있다면, 영아와 유아의 발달특성 및 개인차, 욕구를 고려한 교수 · 학습방법이 계발될 수 있을 것이라는 전제에서 행동주의 학습이론, 구성주의 이론, 다중지능이론의 측면에서 교수 · 학습의 적용을 살펴보고자 한다.

1. 행동주의 학습이론

행동주의 학습이론은 관찰이 가능한 외현적 행동을 통해서 학습이 이루어질 수 있음을 설명하는 이론으로 영유아를 관찰하여 이해하고 교육하는데 필요한 기초이론이 될 수 있다. 여기에는 파블로프의 고전적 조건형성 이론, 스키너의 조작적 조건형성 이론, 반두라의 사회학습이론 등이 있다.

고전적 조건형성이론은 러시아의 생리학자인 파블로프(Pavlov)에 의해 처음 연구되어 이론화 되었으며, 미국의 심리학자 왓슨(Watson)에 의해 행동주의 학습이론의 기초가 되었다(임정훈 · 한기순 · 이지연, 2008).

고전적 조건형성이론에서는 무조건 자극(고기, 음식물 등), 무조건반응(침, 놀람 등), 조건자극(종소리 등), 조건반응(침 등)을 조건형성이 이루어지기 위한 요소로 보며, 시간의 원리, 강도의 원리, 계속성의 원리, 일관성의 원리를 전제하고 있다. 즉 조건자극이 무조건자극과 동시에 또는 조금 앞서서 주어져야 하고, 나중의 자극이 먼저의 자극보다 강하거나 동일해야 하며 자극과 반응의 상황이 반복되며 동일한 조건자극이 주어질 때 동일한 조건반응이 이루어진다는 것이다.

조작적 조건형성 이론은 스키너(Skinner)가 동물을 대상으로 한 실험실 연구에서 형성된 행동주의 이론으로 핵심 개념은 조작적 조건형성에서 행동의 발생 가능성을 높여 주는 강화(reinforcement)와 반응의 결과에 따라 반응의 빈도를 감소시켜 주는 처벌(punishment)이 있다.

강화는 긍정적인 강화인이 제공될 때 반응의 빈도가 증가하는 정적 강화(positive reinforcement)와 부정적인 자극을 제거함으로써 반응의 빈도가 증가하는 부적 강화(negative reinforcement)를 적용할 수 있다. 처벌은 반응이 있을 때 부정적인 자극이 시작되면 진행하는 정적 처벌(positive punishment)과 긍정적인 자극을 제거함으로써 반응의 빈도를 감소시키는 부적 처벌(negative punishment)이 있다.

고전적 조건형성 이론과 조작적 조건형성 이론은 환경의 중요성만을 강조하였고, 실험실에서 동물을 대상으로 한 연구결과를 인간의 행동에 적용하였기에 인간의 행동을 설명하는 데 한계가 있다는 비판을 받아 왔다. 하지만, 영아기의 배변훈련이나 몸을 깨끗이 하도록 시도해야 하는 상황 또는 영아기와 유아기에 '안전하게 생활하기', '다른 사람과 더불어 생활하기'를 지도하는 과정에서 적용가능한 부분이 있을 수 있다. 즉 일상생활 가운데에는 교사가 반복적으로 자극을 주어 반응을 나타나게 하고 그때 강화를 주어 바람직한 행동을 계속하도록 해야 하는 행동들이 있기도 하다.

교수 · 학습방법

- 교사는 유아가 학습하기 원하는 것을 미리 제시하고 자극을 줌으로써 학습을 촉진하도록 한다.
- 학습과정 또는 결과가 교사가 지도한 방향으로 나타날 때는 칭찬, 미소 등의 긍정적인 강화를 사용한다.

사회학습이론은 사회적 상황속에서 모방을 통하여 많은 것을 학습한다는 반두라(Bandura)의 학술로서 인간 행동을 설명하는 데 선행되는 조건형성에 인지적 중재를 포함시켜 체계적이고 통합적인 개념모델을 제안했다(임정훈 · 한기순 · 이지연, 2008). 이러한 사회학습이론은 사회적 환경과 유아의 인지능력이 학습과 발달에 미치는 중요성을 강조하며, 관찰학습에 초점을 맞추었다.

관찰학습(observational learning)은 다른 사람의 행동을 관찰함으로써 발생하는 학습에 초점을 맞추는 데, 이것을 모방(imitation) 또는 모델링(modeling)이라고 한다(정옥분, 2004). 관찰학습의 구성요소인 주의, 기억, 재현, 동기유발은 교수 · 학습방법의 중요한 기술을 제공한다. 즉 유아가 직접적인 경험을 하지 않아도 공동체의 생활속에서 또래를 통해 경험하는 간접적인 경험이 직접적인 경험이상의 효과가 있을 수 있다.

교수 · 학습방법

- 교사의 언행에 주의(attention) 또는 집중시킨다.
- 교사가 제공하는 활동과 주어진 상황에서 관찰한 것을 이미지화 시켜서 기억하도록 한다.
- 학습과정에서 모방하고자 하는 행동을 재현 또는 재생(reproduction) 할 수 있도록 기회를 제공한다.
- 다른 사람이 강화받는 행동을 관찰함으로써 그러한 행동을 하고자 하는 동기유발(motivation)을 제공한다.

생각해 보기

- 조작적 조건형성이론이 자유놀이 또는 자유선택활동 상황에서 적용될 수 있는 방법과 사회적 학습이론이 유아의 대 · 소집단활동에서 적용될 수 있는 방법에 대해서 나누어 보세요.

2. 구성주의 이론

구성주의 이론은 칸트(Kant)와 듀이(Dewey)의 철학에 근원을 두며 헌트(Hunt)와 불름(Bloom)의 심리학적 이론에 기초하여 피아제(Piaget)와 비고스키(Vygotsky)에 의해 전개된 이론이다. 이 이론은 발달을 유전적인 요소와 환경적 요소들의 상호작용에 의해 이루어진다고 본다. 즉 지식을 개인이 주위환경과의 상호작용을 통해 구성해 나가며 이전의 경험을 기초로 새로운 경험을 해나감으로 흥미나 지속적인 참여에 의해 동기화가 나타난다는 것이다.

피아제의 이론이 논리적 사고능력의 발달을 강조하며, 유아 스스로 자신의 지식 세계를 능동적으로 구조화한다고 생각하는 반면, Vygotsky는 인지발달에서의 사회문화적 영향을 강조하며 유아가 속한 사회와 문화 속에서 타인과의 관계에서 상호작용을 하면서 성장하는 사회적인 존재임을 강조하였다(임정훈 · 한기순 · 이지연, 2008). 즉 피아제는 인지적 능력의 내용은 우리가 관찰할 수 있는 인지적 행동으로 영아가 손을 뻗어 장난감을 잡는 행동, 유아가 블록을 색깔별로 분류하는 행동 등 사고가 조금이라도 포함되면 모두 인지적 행동의 범주에 들어간다고 보는 것이다(조성연 외, 2010). 그의 이론은 모든 아동이 감각운동기, 전조작기, 구체적 조작기, 형식적 조작기의 인지발달의 단계로 동일한 순서로 제시된 단계를 거쳐서 발달하지만 그 속도는 다를 수 있다고 본다.

비고스키는 아동이 독립적으로 문제를 해결할 수 있는 실제적 발달수준과 주변에 성인이나 자신보다 유능한 또래로부터 도움을 받아 문제를 해결할 수 있는 잠재적 발달수준의 중간영역을 근접발달영역(zone of proximal development)이라 하였으며, 이는 타인과의 상호작용을 통해 한 개인의 문제해결 능력을 더 향상될 수 있다고 보는 것이다.

구성주의 이론에서는 개인 주변의 물리적, 사회적인 세계 현상에 대해 유아가 자신의 인지적 구조를 활용하여 경험해 볼 수 있도록 학습경험을 구성해야 한다고 보며, 이러한 학습 경험이 주제를 중심으로 의미있게 이루어져야 한다고 본다(이영자 · 이기숙 · 이정욱, 2009).

구성주의 이론의 측면에서 볼 때 교사는 영유아의 개인적인 발달 차이와 학습양식을 존중하기 때문에 영유아가 또래 및 교사와의 충분한 상호작용 및 활동을 통해 학습이 이루어질 수 있도록 풍부한 환경을 제공해야 한다.

교수 · 학습방법

- 영유아들의 현재 발달수준을 파악하여 활동을 계획하여 진행한다.
- 교사 · 영유아, 영유아 · 영유아, 영유아 · 교구와의 활발한 상호작용이 이루어질 수 있는 환경을 제공한다.
- 다양한 활동 및 상호작용의 기회를 제공하여 잠재된 능력을 발견할 수 있도록 한다.

시사점

- 영유아 스스로 탐색하는 방법으로 배우고 유아와 성인의 사고방식에 차이가 있음을 알게 한다.
- 교사로 하여금 무한한 가능성을 가진 영유아들의 잠재능력에 대한 인식을 하게 한다.
- 영유아의 발달을 위해서 이들을 충분히 이해하고 최적의 물리적 환경 및 인적 환경, 배려하는 환경의 중요성을 인식하게 한다.

생각해 보기

구성주의 이론이 자유놀이 또는 자유선택활동과 유아의 대 · 소집단활동 지도시 적용될 수 있는 방법은 무엇인지 나누어 보세요.

3. 다중지능 이론

가드너(Gardner, 1983)에 의해 '마음의 틀(Frames of Mind)'에서 처음 소개된 다중지능 이론(Theory of Multiple Intelligences)은 1990년 후반부터 우리나라에서도 관심이 시작되었다. 현재까지도 영유아는 물론 초 · 중등 학생을 대상으로 연구되어 프로그램 계발이 적용되고 있다.

가드너는 하나의 문화권 혹은 그 이상의 문화권에서 가치있는 산물을 생성하거나 문제를 해결하는 능력으로 다중지능을 정의하였으며, 나중에는 한 문화권에서 유용하게 쓰일 수 있는 정보를 처리하는 생물 · 심리학적 감재력이라고 재정의하였다. 이러한 다중지능은 언어지능, 논리 · 수학지능, 신체 · 운동지능, 공간지능, 음악지능, 대인관계지능, 개인이해지능, 자연지능으로 인간이 갖고 태어난 여덟 가지 지능을 말한다.

표 2-1 다중지능의 발달

구 분	개 념	활 동
언어지능 (Linguistic Intelligence)	음성언어나 문자언어를 사용하여 효과적으로 의사소통하거나 구사하는 능력으로 자신의 느낌이나 생각을 잘 표현하고 탁월한 언어적 기억력의 능력을 말한다.	교구이름, 게임 또는 실험시 언어적 상호작용, 관찰기록지 작성하기, 극놀이, 동시짓기 등
논리 · 수학지능 (Logical · Mathematical Intelligence)	숫자를 효과적으로 사용하고 문제를 빠른 속도로 해결하고, 논리적으로 추론해 내는 능력으로 논리적 관계, 분류, 추리, 계산 능에 있어서 순발력을 발휘하는 능력을 말한다.	수 · 조작 영역의 게임, 퍼즐, 윷놀이 등 인과관계 파악하기, 관련있는 물건 찾기 등

구 분	개 념	활 동
공간지능 (Spatial Intelligence)	색깔, 선이나 형태, 지도 등을 구상하고 이들 관계에 대한 민감성을 포함하며, 시각적 · 공간적 세계를 정확하게 지각하는 능력을 말한다.	쌓기영역의 블록쌓기, 조형영역의 만들기
신체·운동지능 (Bodily Kinesthetic Intelligence)	어떤 문제를 해결하거나 산물을 형성하기 위해 자신의 몸 전체 또는 일부를 사용하는 능력, 자신의 신체를 통해 어떤 생각이나 감정을 표현하는 능력을 말한다.	구슬끼우기, 실험도구 다루기, 음률영역의 신체표현, 손유희 등
음악지능 (Musical Intelligence)	리듬, 음조, 멜로디 등 음악의 요소에 민감하며 음악적인 표현을 지각, 변별하거나 변형하고 표현하는 능력을 말한다.	사물을 이용하여 소리내기, 음률영역의 악기 연주, 음악감상 등
대인관계지능 (Interpersonal Intelligence)	다른 사람의 기분이나 동기, 감정 등을 지각하고 구분하여 이에 적절하게 대응하는 능력으로, 얼굴 표정, 목소리, 몸짓 등 다양한 표현에 대해 민감할 수 있는 능력을 말한다.	게임, 역할영역의 병원 놀이, 소풍놀이 등
개인이해지능 (Intrapersonal Intelligence)	자신의 신념, 생각, 감정, 동기 등을 이해하고 자신과 관련된 문제를 해결해 내는 능력으로 자신의 장단점을 잘 알아 관리하고 통제하는 능력을 말한다.	사물에 대한 자신의 조작능력 파악하기, 역할영역의 주된 역할 맡기 등
자연지능 (Naturalist Intelligence)	동식물과 같은 자연세계 또는 주변환경에 많은 관심을 갖고 조사, 탐색, 실험 등을 하며 변별, 분류, 활용을 할 줄 아는 능력을 말한다.	과학영역의 동·식물 기르기 등

출처 : 김현자 외(2009 : 48-49).

가드너의 이론은 여덟 가지의 지능이 상호 독립적이지 않으며, 많은 연구들을 통해 타당화하지 못했다는 제한점으로 보고는 있으나 개인이 지닌 잠재능력 계발에 유용성을 제안하였으며 교육현장에서 유아를 무한한 가능성의 존재로, 개인의 강점과 약점을 발견해 나갈 수 있도록 지도하는 데 시사하는 바가 있는 것으로 평가되고 있다.

교수 · 학습방법

- 영유아들은 다양한 표상 형태를 통해 배우므로 다양한 감각을 사용해서 배울 수 있도록 기회를 제공해야 한다.
- 여덟 영역의 능력을 발견할 수 있는 다양한 활동을 제공해야 한다.
- 프로젝트접근법을 통해 유아들의 잠재능력을 발견할 수 있는 학습방법을 모색한다.

시사점

- 영유아에게 다양한 종류의 지식과 지능을 발달시킬 기회를 제공해야 한다.
- 교사는 영유아의 경험과 지식을 적용하도록 하기 위해서는 영유아의 강점과 학습방법의 특성을 이해하도록 해야 한다.

생각해 보기

다중지능이론을 프로젝트 접근에 적용할 때 효과적인 이유를 설명해 보세요.

표 2-2 교수 · 학습이론의 핵심요소

사회적 학습이론	구성주의 이론	다중지능이론
· 관찰학습(주의, 기억, 재생, 동기유발)	· 상호작용 · 근접발달영역	· 다중지능(언어, 논리 · 수학, 신체 · 운동, 공간, 음악, 대인관계, 개인이해, 자연)

Chapter 03

영유아 교수 · 학습의 원리 및 유형

교수 · 학습이론의 기본적인 내용과 교수 · 학습을 위한 기본 원리 및 유형을 이해한다.

교수 · 학습방법은 교사가 어떠한 철학적 · 심리학적 관점을 가지고 있느냐에 따라 교육방법이 달라질 수 있으며, 이론에 따른 차이가 있는 학습이 이루어진다. 본 장에서는 교수 · 학습의 원리 이론과 유형을 살펴보았다.

1. 영유아 교수 · 학습의 원리

영유아보육 · 교육기관에서 영유아를 위한 교육은 영아와 유아의 발달수준과 개인차, 흥미 등을 고려하여 계획하고 실행하고 평가하는 과정을 통해 이루어진다. 이러한 과정에서 의미있고 효과적인 교육이 되도록 교사들은 교수 · 학습방법을 배우고 익히며 계발하는 노력을 하게 된다.

교수 · 학습은 가르치고 배우는 일련의 교육과정으로 어떤 대상에게 어떻게 접근해야 하는 가를 염두에 두고 진행해야 하는 만큼 교육대상의 특성을 고려해야 하는 지침, 즉 교수 · 학습의 원리에 근거하여 누리과정과 표준보육과정을 적용해서 방법을 모색하는 것이라고 하겠다.

교수 · 학습의 과정은 새로운 지식의 수용과 인지 및 행동의 변화를 말하며, 새로운 지식을 수용하는 과정은 교사를 통해 이루어지고 또래를 통해 이루어지기도 한다(이순형 외, 2007). 또한 교재 · 교구의 영향을 받기도 한다. 따라서 효과적인 교수 · 학습의 원리는 매우 중요하다고 하겠다.

효과적인 교수 · 학습을 수행하기 위해 이해해야 할 교수 · 학습의 원리(삼성어린이개발센터, 1996; 최나영, 1996; 김진영 외, 2003)로 제시하고 있는 내용을 토대로 정리하면 다음과 같다.

1) 자발성의 원리

학습자인 유아가 자발적으로 활동에 적극적으로 참여한다는 것이며, 자발적인 참여는 유아에게 의미있는 학습이 될 수 있다.

① 자발적 놀이를 통한 학습의 중요성을 부각한다.
② 영유아의 학습을 위한 준비는 항상 스스로 참여할 수 있도록 스스로 선택과 결정으로 이루어지도록 배려하는 환경이 제공될 때 효과적이다.
③ 영유아의 자발성은 환경구성 및 동기유발의 방법에 따라 각기 다른 반응을 보인다.

2) 흥미의 원리

영유아에게 제공되는 환경과 활동은 흥미를 느낄 때 집중되고 반응에 차이가 생긴다.

① 영유아의 모든 활동은 영유아의 흥미를 중심으로 해서 전체적인 계획을 한다.
② 영유아의 활동이 계속되는 요소는 유아들의 흥미이다.
③ 영유아의 흥미는 일시적인 동시에 일반적이다.

3) 통합성의 원리

영유아의 지적, 신체적, 정의적 영역에서 종합적으로 조화와 균형을 이루어야 한다.

① 학습내용이 영유아의 경험과 연결될 수 있도록 영역 간 통합적으로 진행한다.
② 지식과 기능을 포함하여 자연과 사회의 여러 생활영역과 상호작용하며 통합된 교육을 한다.
③ 영유아의 활동은 신체적, 사회적, 인지적, 정서적, 언어적인 발달이 조화를 이루어 성장할 수 있도록 한다.

4) 개별화의 원리

학습자인 영유아의 요구와 발달수준에 맞게 활동과 경험의 기회를 제공한다.

① 영유아 개개인의 차이와 영유아가 속해 있는 환경을 고려한다.
② 영유아를 개별적 존재로 인정하며 개인에게 맞는 교육방법을 제공한다.
③ 영유아의 발달수준과 흥미 및 요구를 고려한다.

5) 구체성의 원리

영유아는 직관적 사고를 하기 때문에 오감을 통한 탐색과 활동의 경험이 필요하다.

① 구체적인 교구와 상황, 경험이 영유아의 탐색활동에 중요한 매개가 된다.
② 영유아의 학습을 위해 활동 및 자료는 만지고, 듣고, 조작할 수 있는 실물을 주는 것이 효과적이다.
③ 구체물을 가지고 충분히 조작한 후에 추상적이고 상징적인 노력이 가능하다.

6) 사회화의 원리

가정과 영유아보육 · 교육기관에서 학습된 경험이 교류되며, 공동체 의식이 생긴다.

① 영유아가 집단생활의 중요성을 인식하게 하고 서로 협력하는 사회생활의 기초를 마련해 준다.
② 영유아가 긍정적인 자아개념을 갖도록 신뢰할 수 있는 사회적 상호작용의 기회를 자주 제공한다.
③ 가족, 어린이집, 유치원의 일원으로 소속을 나타내는 언어를 사용하면서 집단의 구성원으로서 긍지와 자부심을 갖게 한다.

생각해 보기

효과적인 교수 · 학습을 위한 자발성, 흥미, 통합성, 개별화, 구체성, 사회성 원리의 상호 관련성을 그림으로 나타내고 설명해 보세요.

2. 영유아 교수 · 학습의 유형

전통적인 교수 · 학습방법은 교사가 주도적으로 학습의 주체가 되어 유아들을 위한 모든 것을 제작하거나 찾아서 제공해야 하는 능동적인 역할을 강조했다. 하지만 현대에 와서는 유아들이 주도적인 학습의 주체가 되어 유아를 위한, 유아에 의한, 유아의 능동적인 역할과 함께 교사의 보조적인 역할을 강조하고 있다. 교수방법은 학습의 주체에 따라 달라질 수 있지만, 교사의 지도 방법, 집단의 크기에 따라서도 달라질 수 있다.

1) 학습주체에 따른 구분

(1) 교사주도적 방법

교사주도적 방법은 교사가 학습의 주체가 되어 능동적 역할을 하고, 유아는 수동적 역할을 하게 되는 교수 · 학습방법이다. 즉 교사가 수업의 목적, 내용, 방법 및 절차 등을 결정하는 것이다. 그렇기 때문에 교사의 사고, 가치관, 태도 등이 수업에 반영될 수밖에 없다.

교사주도적 방법에서 교수 · 학습의 목적은 교사가 설정한 목표대로 유아를 변화시키는 데 있으며, 실체적 지식, 태도, 기능을 강조하는 것이다. 교수 절차는 다음과 같다(이성호, 1999).

① 교사가 수업목표를 제시해 주고 학습내용을 개관해 준다.
② 교사는 유아의 발달수준과 능력, 흥미에 큰 배려 없이 목표와 내용, 방법을 선정한다.
③ 교수 · 학습과정에서 교사-유아, 유아 간의 상호작용 기회가 별로 많지 않다.
④ 교사는 중요한 정보를 선택해 주고 강조해 준다.

⑤ 교사는 유아의 기억을 돕기 위한 다양한 전략을 동원한다.

⑥ 교사는 유아의 표현이나 느낌을 경청하거나 해석하거나 반응을 보이지 않는다.

⑦ 교사는 자신이 선정한 기준에 따라 학습성패를 획일적으로 진단한다.

교사주도적 교수방법의 장점과 단점(김진영 외, 2003 : 61)을 간단히 요약하면 다음 〈표 3-1〉과 같다.

표 3-1 교사주도적 교수방법의 장 · 단점

장 점	단 점
· 사실적 정보나 개념, 기술들을 정확하게 전달할 수 있다. · 짧은 시간 안에 효과적으로 가르칠 수 있다. · 많은 인원을 대상으로 동시에 가르칠 수 있다	· 교사의 흥미, 편견, 인성 등이 교사의 능력과 기술에 반영되고, 유아의 학습상황에 영향을 미칠 수 있다. · 교사가 계획한 지식을 일방적으로 전달하기 때문에 주입식 수업이 되기 쉽고, 높은 수준의 토의와 능동적 참여가 이루어지기 어렵다.

(2) 유아주도적 방법

유아주도적 방법은 유아가 학습의 주체가 되어 능동적 역할을 하고, 교사는 수동적 역할을 하게 되는 교수 · 학습방법이다. 즉 유아가 개별 또는 집단의 수업방법과 절차를 결정하기도 하며, 유아의 사고나 가치, 흥미 등이 수업에 적극 반영될 수밖에 없다.

교수 · 학습의 목적은 유아의 지적, 정서적, 자아개발에 있으며, 행동적 지식과 태도, 기능을 강조한다. 교수 절차는 다음과 같다(이성호, 1999).

① 유아가 학습목표를 인식하고 학습내용을 계획한다.
② 교수 · 학습과정에서 교사와 유아, 유아 상호 간의 상호작용 기회가 풍부하다.
③ 유아 스스로 자신의 인지구조와 사전 지식 및 경험을 활성화시킨다.
④ 유아는 무엇이 중요한가를 자기 스스로 발견한다.
⑤ 유아는 자신의 기억을 높이기 위해 자기에게 적절한 방법을 탐색한다.
⑥ 유아는 자신의 표현이나 느낌을 존중하고 반응을 기꺼이 내보인다.
⑦ 유아는 자기 스스로 자신의 학습의 성패를 가름하는 방법을 찾고, 성패 기준도 각기 정할 수 있는 기회를 부여받는다.

2) 집단크기에 따른 구분

집단활동은 유아와 교사가 함께 모여서 교육주제(생활주제)에 따라 계획하여 진행하는 교육활동으로 대집단과 소집단으로 구분한다. 집단의 크기는 학습목표의 성격이나 학습자의 특성 또는 학습내용 및 활동유형 등의 차이에 따라 결정해야 하는 중요한 일이다.

집단활동은 교사와 한 반의 유아가 모여서 함께 진행하는 대집단활동과 둘 또는 세 개의 집단으로 나누어서 진행하는 소집단활동으로 구분한다. 집단활동은 유아의 연령을 고려하여 집단의 크기와 활동시기, 시간, 종류를 결정할 수 있다. 영아반의 경우 대체로 소집단의 형태로 진행하며, 유아반의 경우 대 · 소집단으로 활동을 모두 경험하게 된다.

일반적인 집단활동(학습)의 장점(변영계, 1999 : 331~333)을 유아의 집단활동에 적용하여 재정리해 보면 다음과 같다.

첫째로 고차원적 인지 목표의 성취이다. 지식과 이해의 영역(Bloom의 인지적 영역)에서는 대량 수업기법과 개별학습기법이 '지식'과 '이해'의 낮은 인지적 영역을 가르치는 데에 적합하다는 것을 알고 있다. 그러나 사실적인 자료의 이해나 다양한 영역에서 이들의 적용은 개인 지도와 같은 소규모 집단학습이 훨씬 더 효과적이다.

둘째로 창의적 사고 기술의 성취이다. 창의적 사고 기술(예를 들어, 한 주제 내에서 새로운 관계성을 지각하는 능력 또는 주어진 문제 상황을 창의적으로 풀어 가는 능력)의 개발을 목적으로 하는 집단학습기법은 가장 유용하다고 간주되어 왔다. 광범위하고 다양한 사고가 요구되는 상황이 이루어지는 집단 내에서는 아이디어가 허용될 수 있기 때문에 유아들은 집단 내에서 다른 사람과 상호작용과 토론을 통해 배운다.

셋째로 의사소통 기술의 성취이다. 집단활동은 언어적 의사소통, 비언어적 의사소통과 관련되는 여러 가지 기술발달을 위한 이상적 수단이 된다. 유아들은 자신을 정확하게 표현하는 능력이 부족하기도 하지만 자신감이 없는 유아들에게 집단활동은 도움이 될 수 있다.

넷째로 대인관계 기술의 성취이다. 한 집단이나 사회적 상황 내에서 효과적인 운영을 위해 필요한 여러 가지 기술은 집단학습기법에 의해 잘 습득될 수 있다. 극놀이나 역할놀이 활동은 대인관계 기술의 발달을 위해 소규모 집단에서 사용할 수 있다.

(1) 대집단활동

대집단활동은 한 반의 유아 전체를 대상으로 실시하는 교수 형태이다. 내용으로는 하루의 일과 및 출석사항 알아보기, 새노래 배우기, 그 날의 행사 및 특별히 주의해야 할 사항 알아보기 등이며 이러한 과정을 통해 해당 반에 대한 소속감 및 자기 역할에 대한 책임감을 느낄 수 있다.

1 대집단활동의 장점

① 비디오 녹화자료나 복합매체를 통해 주제에 대한 동기를 유발할 때 좋은 방법이다.

② 새로운 개별활동 자료의 소개가 필요하거나 소집단 또는 개별적으로 제공할 수 없는 비디오 녹화자료나 특별한 자료 및 경험을 제공할 때 좋은 방법이다.

③ 정해진 시간에 목표한 학습내용을 유아들에게 동시에 전달하기에 좋은 방법이다.

④ 활동시간 및 내용의 전달수준을 교사가 수업 진행 중에 자유롭게 조절할 수 있어서 학습의 경제적인 면이나 효과면에서 유리하다.

2 대집단활동의 단점

① 유아들의 학습에 대한 태도가 능동적이지 못할 수 있으며, 동기유발이 힘들 수 있다.

② 활동 진행이 교사의 능력에 전적으로 의존하게 되므로 교사의 언어능력이 부족하거나 철저한 수업계획이 없으면 활동의 목표달성이 어려울 수 있다.

3 대집단활동의 교수방법

대집단활동은 주로 프리젠테이션과 시범의 교수방법을 주로 사용하게 된다.

① **프리젠테이션**(presentation) : 프리젠테이션은 새로운 소식을 전해 주거나, 주제에 관한 사진자료나 모형 등을 제시하는 등 어떤 정보를 알려줄 때 주로 사용되며 구두로 전달이 되거나 자료를 보여주며 설명하는 방법이다. 유아들의 반응 및 참여도에 따라 진행의 속도를 교사가 융통성 있게 통제할 수 있으며, 학습할 내용을 대집단으로 진행하며 한꺼번에 전달할 수 있다.

② **시범**(demonstration) : 유아들이 학습할 내용을 언제, 어디서, 어떻게, 왜 해야 하는지에 대해 자세히 보여주는 방법이다. 이러한 방법은 게임이나 신체표현, 요리, 이야기나누기 등에서 흥미있는 효과적인 방법이며, 한 예로 유아들의 이닦기에 대한 구체적인 방법을 유아가 직접 모형을 가지고 시범을 보이게 할 수 있다.

활동에 사용될 자료나 장비를 유아들이 직접 다룰 수 있노록 하기 위해서 교사가 시범적 활동을 통해 유아들에게 도구와 장비를 사용하는 방법이나 설차 등을 가르쳐 주게 된다. 교사가 시범을 보일 때는 가능한 단순한 것을 선정하고, 시범활동의 세부적인 동작 하나하나를 구체적으로 제시해야 한다.

생각해 보기

대집단 활동시 시범이 필요한 활동의 예를 들어 보고 활동진행시 유의사항을 나누어 보세요.

(2) 소집단활동

소집단활동은 한 반의 유아를 두 집단 혹은 세 집단으로 나누어 각각 진행하는 교수방법의 형태이며, 자유선택활동 시간이나 집단활동 시간에 이루어진다. 이때 소집단은 각각 동일한 활동 또는 각기 다른 활동으로 진행할 수 있다. 유아반에서는 유아들의 발달에 적합한 교수방법으로 소집단활동을 지향하고 있으며, 토론이나 협동학습이 가능하다. 반면에 영아반에서는 집단활동이 어려우며 새로운 활동도 개별적으로 소개하고 있으나 부분적으로는 활동에 따라 소집단활동이 가능하다.

1 소집단활동의 장점

① 해당 반에 대한 소속감과 안정감을 갖도록 할 수 있다.
② 유아들의 개인차를 고려하여 집단을 구성할 수 있기 때문에 개인의 흥미와 능력에 따른 욕구를 충족시켜 줄 수 있다.
③ 충분한 상호작용의 기회를 통해 유아들의 창의적인 사고 능력과 대화의 기술 및 능력을 키워 줄 수 있다.

2 소집단활동의 단점

① 전체 유아가 동시에 나누어 진행되기 위해서는 담임교사 외에도 부교사 또는 보조교사의 인력지원이 필요하기 때문에 기관의 실정에 따라 소집단활동의 경험이 최소의 기회로 제공될 수 있다.
② 활동이 두 집단 또는 세 집단으로 진행될 경우 같은 주제에 따른 목표달성이 실행되기 어려울 수 있다. 이는 구성된 유아의 발달수준이나 흥미, 교사의 능력에 따라 반응이 다를 수 있기 때문이다. 또는 주교사가 두 개 이상의 집단을 여러 번 반복 진행할 경우 교사의 열정이 식을 수도 있기 때문이다.

3 소집단활동의 교수방법

① **토의**(discussion) : 토의는 공동 학습의 한 형태로서 학습을 일정한 조직으로 고정시키지 않고 비형식적인 토의 집단으로 구성해서 다양한 주제의 학습자료를 가지고 토의하는 것이다. 이러한 방법은 유아들이 자기 의견을 발표하고, 다른 유아들은 타인의 의견을 경청하고 존중하는 태도를 학습하게 된다.
② **협동학습**(cooperative learning) : 협동학습은 어떤 공동의 과제를 가지고 소집단으로 함께 협력하여 문제를 해결해 나가는 과정이다. 유아들은 이러한 과정을

통해 협동심과 사회적 기술을 익히게 된다. 협동학습은 유아들의 동기를 유발시키고, 집단 내의 상호작용을 격려하여 서로를 존중하고 협력하는 태도가 증진되며 유아들의 성공감을 느낄 수 있게 한다.

③ **시뮬레이션**(simulation) : 시뮬레이션은 학습을 위해 주제에 관한 유사한 상황을 제공하여 실제에서 있음직하며 위험 부담 없이 학습할 수 있는 환경을 의미한다. 시뮬레이션으로 학습을 하게 될 경우, 유아들은 실제와 유사한 학습 환경에서 다른 유아들과 상호작용을 하거나, 어떠한 기계나 도구를 가지고 직접 체험을 통해 학습하게 된다.

영유아 지도를 위한 교수 · 학습의 원리와 유형에 대한 이해는 4장의 보육 · 교육과정과 영아기 · 유아기의 교사 역할에서 적용함으로써 기본적인 내용이 이해되었는지 전체적인 점검이 필요하다.

생각해 보기

소집단으로 활동을 진행하는 경우는 활동유형에 따라 차이가 있을 수 있습니다. 활동의 유형을 정해서 소집단으로 진행하는 방법에 대해서 나누어 보세요.

Chapter 04

교육과정과 교사의 역할

영아교사 또는 유아교사로서 전문적인 직무의 내용과 역할을 이해한다.

영유아 교육현장에서 교수방법에 대한 전략을 갖기 위해서는 우선 이들을 위한 교육과정에 대한 이해와 교사의 역할에 대한 이해가 선행되어야 한다. 본 장에서는 영유아를 대상으로 하는 표준보육과정과 영아교사의 역할, 누리과정과 유아교사의 역할에 대해 살펴보았다.

표준보육과정의 구체적 보육내용 및 교사지침이(여성가족부 고시 제2007-1호) 2010년에 여성가족부의 보육업무가 보건복지부로 이전되면서 표준보육과정이 재고시되었고, 2011년에는 보건복지부, 교육과학기술부에서 어린이집과 유치원의 만 5세 누리과정이 고시하였다. 이에 제2차 표준보육과정(보건복지부 고시 제2012-28호)에서는 만 0~4세를 포함하여 만 5세 누리과정을 다루었다.

만 5세 누리과정에 이어 2013년부터 만 3~4세까지 누리과정이 확대 도입됨에 따라, 우리나라 모든 만 3~5세 유아들에게 유아교육 · 보육과정이 통합된 만 3~5세 누리과정을 제공함으로써 취학전 교육의 질을 제고하게 되었다(교육과학기술부 · 보건복지부, 2012). 한편 만 3~5세 누리과정과 연계한 제3차 표준보육과정은 2012년 12월에 개정 · 고시되었다.

1. 표준보육과정과 영아교사의 역할

만 3~5세 누리과정과 연계하여 개정 · 고시된 제3차 어린이집 표준보육과정에 따른 교사의 역할을 살펴보고자 한다.

1) 만 0~2세 표준보육과정

영아기는 어느 때 보다도 신체운동의 발달과 정서적 발달이 가장 중요한 시기이므로 영아교사는 영아가 심리적 안정과 건강하고 안전한 어린이집 생활이 되도록 표준보육과정의 기본전제와 구성방향을 이해하고 이를 실천할 수 있어야 한다.

제3차 표준보육과정에서는 0~2세의 보육내용을 0~1세의 1 · 2 · 3 · 4수준, 2세의 1 · 2 수준으로 구분하여 제시하고 있으며 각 연령집단 내와 연령집단 간의 세부 보육목표와 내용을 연결하여 이해해야 한다고 제안하고 있다.

영아기는 신체적 · 심리적인 안정감을 토대로 즐겁게 생활하면서 기본적인 신뢰감을 형성하도록 하기 위해 6개의 영역별로 다음과 같은 목표를 설정하고 있다.

표 4-1 표준보육과정의 영역별 목표

0~1세 보육과정	관련영역	2세 보육과정
건강하고 안전한 일상생활을 경험한다.	기본생활영역	건강하고 안전한 생활습관의 기초를 마련한다.
감각 및 기본 신체운동 능력을 기른다.	신체운동 영역	감각, 신체조절 및 기본운동 능력을 기른다.
말소리를 구분하고 의사소통의 기초를 마련한다.	의사소통영역	의사소통 능력의 기초를 기른다.
친숙한 사람과 관계를 형성한다.	사회관계영역	나를 인식하고 다른 사람과 더불어 생활하는 경험을 한다.
아름다움에 관심을 가진다.	예술경험영역	아름다움에 관심을 가지고 예술경험을 즐긴다.
보고, 듣고 만지면서 주변환경에 관심을 가진다.	자연탐구영역	주변환경에 호기심을 갖고 탐색하기를 즐긴다.

출처: 보건복지부, 2012, p. 14.

표준보육과정에서 기본생활영역과 신체운동영역은 만 3~5세 누리과정의 신체운동 · 건강영역의 목표과 관련이 있다. 즉 영아기에 건강하고 안전한 일상생활을 경험하고 안전한 생활습관의 기초를 형성하면 유아기에 기본운동 능력과 건강하고 안전한 생활습관을 기르게 될 수 있다는 것이다. 다른 영역도 마찬 가지로 영아기에 기본적인 의사소통의 기초와 아름다움에 관심을 갖고 주변환경을 탐색하며 다른 사람과 더불어 생활하는 경험이 이루어진다면, 유아기가 되었을 때 바른 언어사용 습관이 길러지며 창의적인 표현능력과 다른 사람과 더불어 생활하는 능력과 태도가 길러질 수 있는 것이다.

2) 영아교사의 역할

안정되고 건강한 영아기의 보육 목표를 달성하기 위해서는 영아반의 교사가 책임감을 가지고 수행해야 하는 역할이 수반된다. 우선 보육계획은 표준보육과정에 대한 충분한 이해를 토대로 연간, 월간, 주간, 일일 계획에 따라 운영하며 실내외 환경은 다양하면서 안전한 흥미영역으로 구성해야 한다. 가장 중요한 것은 교사가 영아를 사랑하는 마음과 계속되는 재교육 및 반성적 사고로 자기 자신을 성장시키기 위한 노력이 수반되어야 한다는 것이다.

(1) 영아반의 교수 · 학습 지침

영아반 교사는 학급을 운영하기 위한 기본적인 교수 · 학습 지침(제3차 어린이집 표준보육과정)에 근거하여 보육계획을 세우고, 일일보육의 기본적인 평가틀로 사용할 수 있다.

① 주도적인 놀이를 중심으로 교수 · 학습활동이 이루어지도록 한다.
② 흥미를 중심으로 활동을 선택하고 지속할 수 있도록 한다.
③ 생활 속 경험을 소재로 하여 지식, 기술, 바람직한 태도를 기르도록 한다.
④ 교사와 신뢰감을 형성하고 개별적인 활동이 이루어지도록 한다.
⑤ 교사, 환경, 또래와 능동적인 상호작용이 이루어지도록 한다.
⑥ 주제를 중심으로 여러 활동이 통합적으로 이루어지도록 한다.
⑦ 만 0~1세아, 만 2세아는 일상생활 및 개별활동, 휴식 등이 균형있게 이루어지도록 한다.

(2) 영역별 교사의 역할

제3차 표준보육과정에서 제시한 영역별 세부내용(보건복지부, 2012, p. 31~77)을 토대로 교사의 역할을 정리하면 다음과 같다.

1 기본생활영역

영아가 건강하고 안전한 어린이집 생활을 하도록 하기 위해서는 몸을 깨끗이 하기, 즐겁게 먹기, 건강한 일상생활하기, 안전하게 지내기, 위험한 상황에 반응하기에 대해서 수준별 지도가 체계적으로 이루어져야 한다.

① 0~1세반 교사의 역할

- 영아들에게 청결, 영양, 배설, 수면, 휴식 등 기본적인 신체적 욕구를 충족시켜 주면서, 심리적 안정감을 증진시킬 수 있는 상호작용을 통해 영아의 건강한 심신의 발달을 격려한다
  - 일상생활, 놀이상황 등에서 안전사고를 예방하기 위해 지속적으로 영아를 관찰하고 영아가 위험한 상황에 놓이지 않도록 해야 한다.
  - 영아에게 위험하다고 알려줌으로써 위험상황에 주의할 수 있도록 한다.
- 기저귀를 가는 시간이나 낮잠 자고 난 후에 손을 씻겨 주거나 엉덩이를 닦아줄 때, 영아가 편안함을 느낄 수 있도록 상호작용한다.
- 영아가 배변의사를 표현할 경우 언어적·비언어적인 상호작용을 통해 긍정적인 정서를 경험하게 한다.

② 2세반 교사의 역할

- 영아들이 스스로 주변을 정돈하고 손씻기, 이닦기, 바르게 먹기, 규칙적인 수면과 휴식 등을 수행했을 때 격려하여 기본생활습관을 형성하도록 도우며, 영아가 건강에 관심을 갖도록 지도한다(보건복지부, 2012).
  - 놀이 후에 놀잇감을 정리하고, 화장실에 다녀와서는 손씻기를 하도록 한다. 식사 시에는 바른 자세로 식사하고 식사 후에는 개인의 그릇과 자리를 정리한 후 이닦기를 하도록 한다.
- 놀잇감 및 교통안전에 대한 주의와 위험한 상황에서 어른에게 도움을 받아야 한다는 것을 인식시킨다.

생각해 보기

영아반에서 예측되는 위험상황과 이에 대해 알려줄 수 있는 방법에는 어떤 것들이 있는지 나누어 보세요.

2 신체운동영역

영아의 건강한 신체운동의 발달을 위해서는 감각기능을 발달시키고 대·소근육을 조절하고 규칙으로 신체활동에 참여하며 기본운동능력을 기르도록 수준별 지도가 이루어져야 한다.

① 0~1세반 교사의 역할

- 영아들이 시각, 청각, 촉각, 후각, 미각의 감각적 자극을 경험할 수 있도록 배려해 주고 영아가 신체를 움직일 때 신체부분이나 움직임에 대해 언어로 표현해 주며, 영아의 발달적 개인차에 맞추어 지도하고 신체놀이의 반복을 통해 운동능력과 협응력의 발달을 지원한다(보건복지부, 2012).
  - 영아들이 자신의 손과 발, 주요 신체 부분의 움직임을 탐색하며 간단한 움직임을 통한 놀이를 제공한다.
  - 기기와 걷기 등의 이동운동과 서 있기와 앉기 등의 제자리 운동을 시도해 보도록 한다.
  - 자유롭게 몸을 움직일 수 있는 개방된 공간을 제공하여 다양한 움직임을 시도해 보도록 한다.

② 2세반 교사의 역할

- 영아들이 다양한 감각적 자극을 경험하고 신체에 대한 여러 자료와 다양한 활동을 통해 신체 탐색이 이루어질 수 있도록 지원하며, 대근육발달과 신체조

절력 및 균형감각의 증진과 소근육발달 및 협응력의 발달을 기르도록 지원한다(보건복지부, 2012).

- 기본적인 신체운동과 다양한 활동을 할 수 있는 규칙적인 시간을 제공한다.
- 간단한 기구를 이용한 신체활동에 참여하거나 실외에서 신체활동 후에는 휴식시간을 갖도록 한다.

생각해 보기

걸음마기 영아가 일상생활에서 이동운동과 제자리 운동을 시도할 수 있는 활동에는 어떤 것들이 있는지 나누어 보세요.

3 의사소통영역

① 0~1세반의 교사의 역할

- 영아에게 풍부한 언어적 자극을 제공하고 영아가 옹알이나 다양한 몸짓을 할 때 정다운 목소리를 반응하여 영아와 말과 몸짓을 주고받는 경험을 하도록 하며, 그림자료를 함께 보면서 내용을 읽어 주고 반복되는 간단한 말을 자주 들려준다(보건복지부, 2012).
  - 영아가 옹알이를 하거나 다양한 몸짓을 하면 주의깊게 들어주고 반응해 준다.
  - 영아가 탐색할 수 있는 여러 가지 감각책이나 환경인쇄물을 제공한다.
- 영아가 교사의 도움을 받아 손과 팔을 의도적으로 움직이는 즐거움과 끼적이는 경험을 하도록 지원한다.
  - 신문지, 한지, 색종이 등 부드럽고 다양한 종류의 종이를 제공하여 찢고 흔들어 보거나 끼적이는 활동을 제공한다.

② 2세반 교사의 역할

- 영아가 이해하기 쉽게 명료하게 말하며 영아가 관심있는 것에 대해 표현할 기회를 제공하고 매일 영아에게 개별적으로 좋아하는 책을 읽어 주거나 그림을 설명해 준다.
  - 영아에게 짧은 이야기를 들려주거나 영아와 상호작용을 통해 상황에 맞는 어휘와 표현을 익히도록 한다.
  - 영아가 말할 때 기다려주고 눈을 맞춰 주며 반응해 준다.
  - 다양한 크기와 재질의 그림책과 인쇄물을 제공한다.
- 영아가 의사표현을 하기 위해 끼적이기를 할 때 끼적이는 활동이 의미가 있다는 것을 느낄 수 있도록 한다.
  - 영아의 표현에 관심을 보이며 영아가 자신의 그림에 대해 명명해 보도록 격려한다.

생각해 보기

2세반 영아의 끼적거리는 행동에 대해 적절한 또는 부적절한 교사의 반응을 예를 들어 보세요.

4 사회관계영역

① 0~1세반의 교사의 역할

- 영아의 언어적 · 비언어적 신호에 민감하게 파악하여 반응하며 다른 사람의 감정을 이해할 수 있도록 도우며, 보육실에서 생활하는 동안 안정감을 느낄 수 있도록 한다.
  - 긍정적 · 부정적 정서표현을 따뜻하게 수용해 준다.
  - 안전하고 흥미로운 환경을 제공하며, 밝은 모습으로 언어적 · 비언어적 상호

작용을 한다.

- 영아에게 자주 애정을 표현하며, 친구나 교사에게 애정을 표현할 수 있는 기회를 제공한다.
- 영아의 개인 물품, 서랍, 신발장 등에 개인의 사진과 이름을 붙여 주어 자신의 물건과 사진, 이름에 관심을 갖도록 한다.

② 2세반 교사의 역할

- 영아가 스스로 하고자 하는 것을 시도할 수 있도록 도우며, 다른 사람의 감정에 반응하는 언행을 적절하게 할 수 있도록 모델링을 제시한다.
  - 간식, 식사 시간과 놀이시간에 영아가 혼자 할 수 있는 일을 시도하도록 격려한다.
  - 영아가 나타내는 정서를 구체적인 말로 표현해 준다.
- 영아가 어린이집에 오면 자신이 지켜야 할 규칙이 있다는 것을 경험하도록 한다.
  - 놀잇감 사용하고 정리하는 방법을 자연스럽게 반복해서 지도한다.
- 또래와 즐겁게 놀이하기 위해서는 친구를 배려해야 된다는 것을 경험하도록 한다.
  - 또래와의 갈등 상황에서 기다리거나, '미안해'라는 표현을 하며, 양보하는 친구에게 '고마워'라는 표현을 하도록 지도한다.

생각해 보기

영아반 교사가 영아에게 나타내는 애정표현 방법과 주의해야 할 점은 무엇인지 나누어 보세요.

5 예술경험영역

① 0~1세반의 교사의 역할

- 영아가 관심을 보이는 예술적 요소를 반복적으로 제시하고 말로 표현하며, 소리와 색, 모양, 질감 등을 자연스럽게 느낄 수 있도록 제공하여 영아의 호기심을 격려한다.
  - 어린이집의 익숙한 환경에서 주변의 소리와 리듬감 있는 소리를 듣고 반응할 수 있도록 격려한다.
  - 영아가 움직임, 색과 모양 등을 보고 만져 봄으로 경험할 수 있도록 다양한 재료를 제공한다.

② 2세반 교사의 역할

- 어린이집의 주변 환경에서 경험할 수 있는 소리와 움직임에 따라 모방행동과 상상놀이를 즐기며, 다양한 색과 모양을 감각적으로 경험하도록 한다.
  - 주변에서 리듬있는 소리를 탐색하여 몸으로 표현할 수 있도록 격려한다.
  - 자연물을 탐색할 수 있는 기회와 다양한 색의 천과 막대 등을 제공하여 표현활동을 즐기도록 격려한다.
- 영아가 다양한 재료를 탐색하고 주변 환경의 미술적 요소에 관심을 가지고 즐길 수 있도록 지원한다.
  - 영아가 자유롭게 그리기와 만들기를 할 수 있도록 다양한 재료를 제공한다.

생각해 보기

0세반과 1세반의 교사가 영아에게 제공할 수 있는 예술적 요소에는 어떤 것이 있는지 나누어 보세요.

6 자연탐구영역

① 0~1세반의 교사의 역할

- 어린이집의 주변 사물과 자연 세계에 관심을 보이고 탐색을 반복하도록 지원한다.
  - 영아가 주변환경에 관심을 보일 때 함께 관심을 나타낸다.
  - 영아가 반복하여 탐색할 수 있는 환경과 시간을 충분히 제공한다.
  - 다양한 물체의 모양과 촉감을 경험하도록 탐색활동을 격려한다.
  - 영아가 호기심을 보이는 사물이나 생명체에 대해서는 적극적인 반응을 해준다.

② 2세반 교사의 역할

- 일상생활의 여러 가지 경험을 통해 다양한 사물과 현상을 탐색할 기회를 제공하며, 사물의 여러 가지 속성을 탐색하고 비교하도록 하기 위해 탐색할 수 있는 분위기를 조성한다.
  - 영아의 질문을 존중하고 성실하게 상호작용하여 탐색하는 즐거움을 느끼게 한다.
  - 수와 양에 관련된 경험과 어휘사용을 적극적으로 반응해 주며, 격려해 준다.
  - 생활 속에서 간단한 도구에 관심을 갖고 사용해 보도록 제공한다.
- 주변의 생명체와 관심을 갖고 있는 익숙한 동물의 기본적인 특성을 관찰하도록 격려한다.
  - 자연물과 주변의 애완동물을 관심을 갖고 관찰할 수 있는 기회를 제공한다.

생각해 보기

> 2세반에서 주변 동식물에 관심가지도록 하는 활동에는 어떤 것이 있는지 나누어 보세요.

2. 누리과정과 유아교사의 역할

만 3~5세 누리과정은 2013년 3월부터 전국의 모든 유치원과 어린이집에서 시행되고 있다. 이는 만 3, 4, 5세 유아의 교육 · 보육 내용을 통합하여 하나의 공통과정을 마련한 것(교육과학기술 · 보건복지부, 2013)이므로 유아의 교수 · 학습방법을 위해서는 누리과정에 대한 이해를 중심으로 교사의 역할을 충분히 검토해야 한다.

1) 만 3~5세 누리과정

(1) 누리과정의 목표와 내용범주

누리과정의 목적은 만 3~5세 유아의 심신의 건강과 조화로운 발달을 도와 민주시민의 기초를 형성하는 데 있다. 이러한 목적을 달성하기 위하여 다섯 가지의 목표를 제시하고 있다.

첫째, 기본운동 능력과 건강하고 안전한 생활 습관을 기른다. 유아가 기본운동 능력을 기르고 건강에 대한 바른 태도를 가지며, 기본생활습관을 형성하고 안전하게 행동하고 생활하는 능력을 기르도록 한다.

둘째, 일상생활에 필요한 의사소통 능력과 바른 언어사용 습관을 기른다. 유아가 듣고 말하는 것을 즐기고 상황에 맞는 언어를 익혀 일상생활에 필요한 의사소통 능력과 바른 언어 사용 습관을 기르도록 한다.

셋째, 자신을 존중하고 다른 사람과 더불어 생활하는 능력과 태도를 기른다. 유아가 자신에 대해 긍정적으로 생각하고, 자신과 함께 생활하는 사람들과 원만한 사회적 관계를 맺고 더불어 생활할 수 있는 능력과 태도를 기르도록 한다.

넷째, 아름다움에 관심을 가지고 예술경험을 즐기며, 창의적으로 표현하는 능력을 기른다. 유아가 주변의 아름다움에 대해 관심을 갖고 자신의 생각과 느낌을 다양한 예술적 방법으로 즐기는 태도를 형성하며, 창의적으로 표현하는 능력을 기르도록 한다.

다섯째, 호기심을 가지고 주변세계를 탐구하며, 일상생활에서 수학적 · 과학적으로 생각하는 능력과 태도를 기른다. 유아가 주변 사물과 자연환경에 관심을 갖고 능동적으로 탐구하며, 생활경험을 수학적 · 과학적으로 생각하는 능력과 태도를 기르도록 한다.

만 3~5세 누리과정은 신체운동 · 건강, 의사소통, 사회관계, 예술경험, 자연탐구 영역으로 구성되어 있으며 영역별 목표와 내용범주를 정리하면 다음과 같다.

표 4-2 만 3~5세 누리과정의 내용범주

구분	신체운동 · 건강	의사소통	사회관계	예술경험	자연탐구
목표	기본운동 능력과 건강하고 안전한 생활습관을 기른다.	일상생활에 필요한 의사소통능력과 바른 언어 사용습관을 기른다.	자신을 존중하고 다른 사람과 더불어 생활하는 능력과 태도를 기른다.	아름다움에 관심을 가지고 예술경험을 즐기며, 창의적으로 표현하는 능력을 기른다.	호기심을 가지고 주변세계를 탐구하며, 일상생활에서 수학적 · 과학적으로 생각하는 능력과 태도를 기른다.
내용범주	· 신체인식하기	· 듣기	· 나를 알고 존중하기	· 아름다움 찾아보기	· 탐구하는 태도기르기
	· 신체조절과 기본운동하기	· 말하기	· 나와 다른 사람의 감정 알고 조절하기	· 예술적 표현하기	· 수학적 탐구하기
	· 신체활동에 참여하기	· 읽기	· 가족을 소중히 여기기	· 예술 감상하기	· 과학적 탐구하기
	· 건강하게 생활하기	· 쓰기	· 다른 사람과 더불어 생활하기		
	· 안전하게 생활하기		· 사회에 관심 갖기		

2) 유아교사의 역할

3~5세 연령별 누리과정 교사용 지침서(교육과학기술부 · 보건복지부, 2013)에서 제시한 내용범주별 세부내용 및 지도지침은 교사가 영역별로 교수 · 학습을 계획하고 평가를 하는데 근거가 될 수 있으므로 지도지침을 반복적으로 검토할 필요가 있다.

(1) 신체운동 · 건강영역

신체운동 · 건강영역은 자신의 신체를 긍정적으로 인식하고 즐겁게 신체 활동에 참여함으로써 유아기에 필요한 기본운동 능력을 기르고, 건강하고 안전한 생활을 실천하는 바른 태도를 기르기 위한 영역이다(교육과학기술부 · 보건복지부, 2013).

유아들은 쌓기, 역할, 수조작 영역 등과 게임, 신체표현, 새노래 배우기 등의 대 · 소집단 활동 중 활동을 통해 신체를 인식하고, 신체조절과 기본운동이 가능하며 건강 및 안전에 관한 지도가 자연스럽게 이루어질 수 있다. 따라서 교사는 몇 가지 지도지침을 토대로 활동 및 환경을 계획해 볼 수 있다.

- 유아의 감각 활동은 몸으로 인식하며 여러 감각기관을 동시에 통합적으로 활용한다는 것을 알도록 한다.
- 유아가 신체의 여러 근육을 조절하여 다양한 조건에서 음악, 문학, 미술 등을 통한 다양한 움직임의 경험을 제공한다.
- 매일 한 시간 이상 규칙적으로 대근육활동을 포함한 실외놀이 시간을 제공한다.
- 유아 스스로 손씻기와 이닦기 등 자신의 청결관리와 주변을 깨끗이 하고 즐겁고 바르게 식사하는 생활습관을 형성하는데 중점을 둔다.
- 유아 스스로 위험 상황을 인식하고 대처할 수 있도록 반복적인 활동을 제공하며, 자신을 보호하기 위해 필요한 지식과 태도 등을 형성하는데 중점을 둔다.

(2) 의사소통영역

의사소통영역은 언어의 기본 형태인 구어와 문어를 활용하여 나와 다른 사람의 느낌이나 생각, 경험을 상황과 상대방에 알맞게 소통할 수 있는 능력을 기르며, 말과 글의 관계를 알고 읽기와 쓰기에 흥미를 가져 언어 사용을 즐기도록 하는 영역이다(교육과학기술부 · 보건복지부, 2013).

유아들은 언어영역, 역할영역 등의 자유선택활동과 이야기나누기, 동시, 동화, 새노래 배우기 등의 대 · 소집단 활동을 통해 말과 글의 관계를 알고 구어와 문어를 활용하여 자신의 생각을 표현하고 다른 사람의 생각과 표현의 차이를 경험할 수 있다. 따라서 교사는 몇 가지 지도지침을 토대로 활동 및 환경을 계획해 볼 수 있다.

- 주변의 여러 말소리와 문학적 요소가 포함된 이야기를 듣고 즐길 수 있는 데 중점을 둔다
- 연령별로 활동에 집중하는 시간이 다르기 때문에 유아의 흥미와 관심이와 등을 고려한다.
- 이야기를 들을 때 자유롭게 질문을 할 수 있도록 적당한 시간과 방법을 알려주며 의사소통시 수용적이고 개방적인 모습을 보여 준다.

- 주제를 정하여 이야기나누기와 이야기꾸미기 등을 통해 언어적 표현력을 기르며, 상황에 맞는 바른 태도로 말하는 데 중점을 둔다.
- 유아의 연령과 주제에 맞게 흥미롭고 예술성 있는 다양한 그림책과 교구를 제공한다.
- 쓰기 도구의 사용이 언어영역 외에도 모든 흥미 영역의 놀이에서도 자연스럽게 사용하도록 제공한다.

(3) 사회관계영역

사회관계 영역은 유아가 자신을 알고 소중하게 여기며 가족, 또래와 함께 원만하게 지내는 방법뿐 아니라 공동체에서 함께 살아가는 방법을 익히고 사회에 관심을 가지며 적응해 나갈 수 있는 기초능력과 인성을 기르기 위한 영역이다(교육과학기술부 · 보건복지부, 2013).

유아들은 역할영역, 쌓기영역, 미술영역 등의 자유선택활동과 실외놀이 그리고 게임, 신체표현, 요리 활동 등의 대 · 소집단 활동을 통해 소속감과 공동체 의식을 갖게 되며, 배려와 나눔, 기다림, 규칙지키기 등의 사회적 가치를 알아 간다. 따라서 교사는 몇 가지 지도지침을 토대로 활동 및 환경을 계획해 볼 수 있다.

- 자신이 소중한 사람임을 인식하고, 유아 스스로 할 수 있는 일에 대한 성취감과 책임감을 기를 수 있는 기회를 제공한다.
- 자신과 다른 사람의 감정을 이해하고, 자신의 감정을 사회적으로 수용 가능한 방법으로 표현하는 능력을 기르는 데 중점을 둔다.
- 가족에 대한 의미와 소중함을 알고, 다양한 가족형태에 대해 편견없는 태도를 형성하는 데 중점을 둔다.
- 다양한 활동과 일상생활 가운데 서로 협력하고 공동체에서 화목하게 지내는 방법을 알아가도록 친사회적 행동을 경험하는 데 중점을 둔다.
- 지역사회의 다양한 모습과 사람들, 하는 일, 직업 등에 관심을 갖도록 하고 우리나라에 대한 자부심을 갖도록 하는데 중점을 준다.

(4) 예술경험영역

예술경험 영역은 유아가 친근한 주변 환경에서 발생하는 소리, 음악, 움직임과 춤, 모양과 색 등의 미술요소에서 아름다움을 느끼고, 또래와 교사, 부모, 지역사회의 주민이나 작가가 표현한 예술작품을 가까이 접하면서 이를 탐색하고 창의적으로 표현하는 것을 즐기며 감상하기 위한 영역이다(교육과학기술부 · 보건복지부, 2013).

유아들은 미술영역과 음률영역 등의 자유선택활동과 신체표현, 음악감상, 악기연주, 명화감상 등의 대 · 소집단 활동을 통해서 아름다움을 느끼고 자신의 생각과 느낌을 창의적으로 표현하는 것을 즐기며 다른 사람의 표현을 존중하는 방법을 알아 간다. 따라서 교사는 몇 가지 지도지침을 토대로 활동 및 환경을 계획해 볼 수 있다.

- 자연과 주변환경의 다양한 소리와 색, 모양, 움직임 등에 아름다움을 느끼며 예술표현과 감상하는 기초능력을 발달시키는 데 중점을 둔다.
- 음악, 미술, 극놀이 등 다양한 방법으로 아름다움과 즐거움을 표현하도록 연령별로 주제를 고려하여 적합한 활동을 제공한다.
- 유아가 전통 물건이나 음악, 춤, 미술작품 등을 자연스럽게 경험해 볼 수 있도록 기회를 제공한다.
- 한 가지 예술영역 내에서 통합적으로 표현하는 경험을 시작으로 점차 두 가지 이상의 예술영역이 통합된 활동을 제공한다.

(5) 자연탐구영역

자연탐구영역은 유아가 자신을 둘러싸고 있는 주변 세계에 대해 호기심을 가지고 궁금한 것을 해소하기 위해 탐구하며, 일상생활에서 부딪히는 현상이나 문제해결을 통해 수학적 · 과학적으로 생각하는 기초 능력과 태도를 기르기 위한 영역이다(교육과학기술부 · 보건복지부, 2013).

유아들은 수조작영역, 과학영역, 음률영역 등의 자유선택활동을 통해 다양한 탐구활동을 하게 되며, 실험과 요리활동 등의 대 · 소집단 활동과 다양한 실내 · 외 체험활동을 통해 탐구활동의 즐거움과 일상생활에서 발견하고 창의적인 활동에 도전하는 즐거움을 경험할 수 있다. 따라서 교사는 몇 가지 지도지침을 토대로 활동 및 환경을 계획해 볼 수 있다.

- 유아가 관심이 있는 사물이나 현상에 대해 다양한 탐구기술을 활용해 볼 수 있는 환경과 경험을 제공한다.
- 유아가 놀이와 일상생활에서의 경험을 토대로 구체적인 문제를 해결하는 과정에서 수학적 개념과 기능을 학습하고 사용하는 데 중점을 둔다.
- 일상생활에서 측정 가능한 속성에 관심을 갖고 관찰 · 비교하며 측정가능한 다양한 방법을 알게 되고 생활 주변에서 사물이나 사건의 양상에 대한 반복을 통해 규칙성을 발견할 수 있는 경험을 제공한다.
- 물체와 물질의 다양한 특성에 관심을 갖고 변화시켜 보기 위한 창의적인 접근을 할 수 있는 적절한 환경을 구성한다.
- 생명체를 소중히 여기며 인간과 동식물이 함께 살기에 좋은 녹색환경에 관심을 갖고 실천할 수 있는 방법을 알도록 하는데 중점을 둔다.

Part Ⅱ

영유아 교수방법의 핵심요소

Chapter 05

긍정적 상호작용

✎ **긍정적 상호작용의 중요성과 효과적인 교수 · 학습활동을 위한 상호작용의 방법을 익힌다.**

교사와 영유아가 일상에서 경험하는 상호작용은 유치원이나 어린이집에 영유아가 쉽게 적응하게 하고 또래 관계의 형성이나 새로운 학습경험에 도전하도록 하는 방법이 된다. 따라서 본 장에서는 영유아의 행동을 이해하고 인정하며 그에 맞는 능력에 따라 자극을 주는 교수 · 학습방법의 핵심이라 할 수 있는 긍정적인 상호작용을 살펴보았다.

1. 상호작용의 개념

상호작용은 교호작용이라고 하며 사전적 의미로는 둘 또는 그 이상의 사물이 서로 작용을 미치는 일(동아새국어사전, 1994)로 설명하고 있다.

박찬옥(2011)은 상호작용은 '둘 이상의 개체가 서로 영향을 미치며 관계를 맺는 과정이다. 이때 개체는 사람과 사람, 사람과 사물, 사물과 사물, 사물과 현상, 사람과 현상, 현상과 현상 등 다양한 존재들을 가리킨다'라고 하였다.

영유아는 유아교육기관을 통해 물리적 · 인적 환경과의 상호작용을 하게 되며, 특히 일상적 양육과 교육과정을 통해 이루어지는 인적 환경과의 상호작용은 영유아의 발달에 영향을 미치는 매우 중요한 요인이 된다. 이는 교사가 영유아와 상호작용을 함으로써 그들의 개별적 차이와 흥미를 파악할 수 있으며 이에 적합한 경험을 바람직한 상호작용을 통해 제공할 수 있기 때문이다.

유치원과 어린이집에 오는 영유아가 항상 만족스럽고 편안함을 느끼는 것은 아니다. 때로는 신체적으로 불편하거나 심리적으로 불안하고, 화나고, 좌절감을 느끼는 등 어려움이 있을 수 있다. 이 때 교사가 영유아의 이러한 정서를 인정하고, 안정감을 느낄 수 있도록 다양한 방법으로 돕게 된다. 포근함을 느낄 수 있도록 안아주거나, "오늘 oo는 기분이 좋지 않은가 보구나" 하면서 감정을 이해해 주는 언어적 · 비언어적 표현을 하게 된다. 이를 통해 영유아는 교사와 눈맞춤을 하고 자신의 생각과 감정을 드러내며 교사는 이에 대해 반응하며 계속적인 의사소통이 이루어진다.

이것이 교사와 영유아가 일상에서 경험하는 상호작용으로 유아교육기관에 쉽게 적응할 수 있는 방법이며 또래관계의 형성이나 새로운 학습경험에 도전할 수 있는 준비단계로 볼 수 있다.

2. 상호작용의 중요성

교사와 영유아의 상호작용은 교육과 보호에 있어서 어떤 질적 요소보다도 영유아의 성장과 발달에 지대한 영향을 미치는 변인이 된다. 교사와 영유아의 상호작용은 교사가 영유아의 발달특징을 알고 이해할 수 있는 방법을 포함한다.

유아교육 및 보육환경에서 교사의 행동과 물리적 환경은 영유아의 활동과 사회적 문제해결에 관한 지식과 가장 관계가 깊으며, 특히 교사와 영유아의 상호작용의 빈도와 강도는 영유아의 사회적 지식과 기술에 영향을 미친다. 한 예로 상호작용의 질적 수준이 높은 보육프로그램으로 평가된 경우를 보면, 영유아들이 또래와의 긍정적인 상호작용을 많이 하게 되고, 교사와 상호작용할 때에도 영유아들이 적극적으로 활동에 참여하게 된다(김현자, 1999). 따라서 유아교육기관의 질은 교사와 영유아의 상호작용과 물리적 환경의 질로 판단될 수 있는 것이다.

교사와 유아의 상호작용은 효과적인 교육과정 운영에 중요한 요소다. 문제해결 과정에서 교사와 유아가 상호작용을 할 때 교사의 중재수준에 따라 유아의 과제에 대한 성공적 참여율이 다르게 나타났다는 연구결과(김선옥, 1990)가 있다. 즉 교사와 유아의 긴밀한 상호작용이 효과적인 학습에 필수적임을 시사한 것이다. 이는 양질의 상호작용 경험이 선행되고 일정기간에 지속적으로 유아와 상호작용이 이루어질 때, 유아의 인지구조에 적합한 교수·학습 형태로 발전할 수 있다는 것이다.

박혜정 등(1987)의 연구에서도 교사가 교수·학습과정을 효율적으로 진행하고 교육효과를 높이기 위해서는 교사의 교수전략 못지않게 교사와 유아의 상호작용이 중요하다고 지적하고 있다. 따라서 교수·학습과정 중에 이루어지는 교사와 유아의 상호작용 방법이나 그 정도는 유아의 성장, 발달에 미치는 영향이 지대하다고 볼 수 있다.

[그림 5-1]은 유아교육기관(유치원, 어린이집)에서 교사와 유아의 상호작용을 통해 질적인 성장을 해나가는 교육과정을 나타낸 것이다.

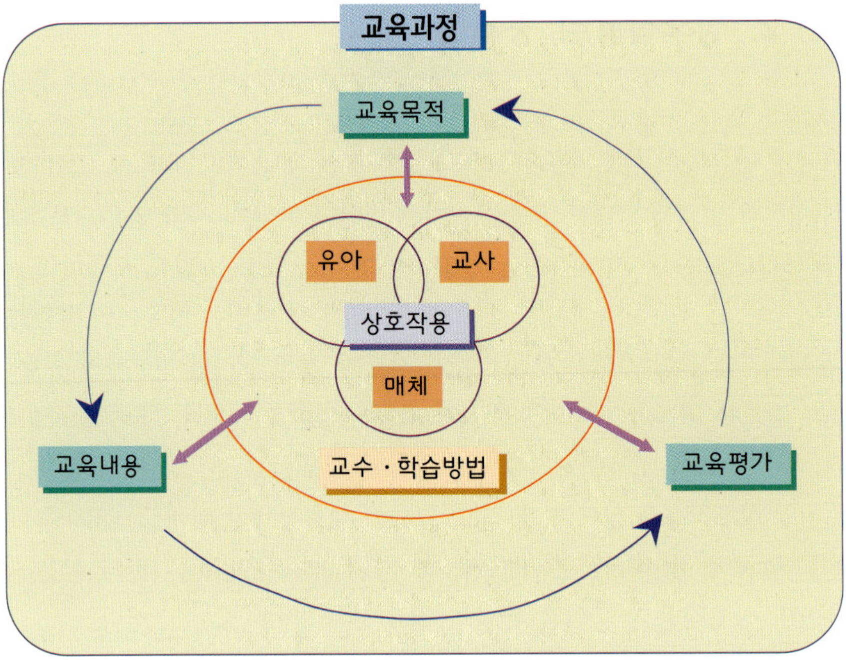

[그림 5-1] 교육과정에서 교사와 유아의 상호작용

바람직한 상호작용을 통해 그들에게 적합한 경험을 지속적으로 제공하느냐가 유아교육기관(유치원, 어린이집)의 질은 물론, 영유아의 삶의 질에 큰 영향을 미친다. 교사가 상황마다 발달적, 개별적으로 적절하고 민감하게 반응을 해 준다면 교실의 전반적 분위기는 안정되고, 개별 영유아의 자존감은 향상되며 또래들과 긍정적으로 상호작용하는 곳이 될 것이다(보건복지가족부, 2010: 157). 따라서 바람직한 상호작용, 즉 긍정적인 상호작용에 대한 이해는 매우 중요하다.

3. 교수 · 학습을 위한 상호작용

1) 발문의 역할

질문과 발문은 물어 본다는 점에서 같은 입장이지만 질문은 주로 모르는 입장에 있는 사람이 아는 입장에 있는 사람을 향해 던지는 물음이고, 발문은 교사가 학생들의 학습활동을 조성해 나가기 위해 던지는 문제제기를 말한다(이화복, 2005). 발문이 질문과 구별해서 사용할 경우에는 문제라는 의미를 지닌다(김재은, 김태련, 2009). 그러므로 프뢰벨이 교사는 유아의 내적인 힘을 발현하도록 도와야 한다고 강조했던 것을 상기할 때 교수 · 학습을 위한 상호작용에서 유아의 잠재된 지식과 경험을 이끌어 내는 발문을 할 필요가 있다.

2) 발문의 유형

Bloom(1956)은 교사의 발문을 지식, 이해, 적용, 분석, 종합, 평가의 영역으로 구분하였다. 이 유형을 크게 패쇄적 질문과 개방적 질문으로 나뉜다. 패쇄적 질문은 수렴적 질문으로 '예', '아니오'의 단답형이거나 한 가지의 답을 요구하는 질문이다.

개방적 질문은 확산적 질문으로 '만약 지구에 물이 없다면 어떻게 될까?', '이 그림은 어떤 이야기가 담겨 있을까?' 등의 한 가지의 정해진 답이 아니라 학습자의 다양한 사고, 창의적 사고를 기대하는 질문이다. 두 가지 유형의 질문 중 한 가지만 하는 것이 아니라 상황에 맞게 질문할 수 있다.

Carner(1967)은 구체적사고, 추상적 사고, 창의적 사고에 따라 발문유형이 달라진다고 하였다. 구체적 사고를 유발하는 발문은 어디에서, 무엇을, 누가, 언제와 같은 의문사들을 빈번히 사용한다. 추상적 사고를 유발하는 발문은 이유, 방법과 같은 의문사들을 사용한다. 상상력, 정답을 기대하지 않는 창의적 사고를 유발하는 발문은 '만약 ~라면'과 같은 가정을 사용한다.

교사는 유아의 생각을 밖으로 표현할 수 있는 개방적 질문, 확산적 질문, 사고를 촉진하는 발문을 현장에서 많이 활용해야 한다.

3) 0~2세 표준보육과정에 기초한 상호작용

교수 · 학습을 위한 상호작용은 긍정적인 상호작용을 전제로 하는 것이 바람직하다. 긍정적 상호작용이라 함은 격려하기, 지지하기, 인정하기로 나누어 생각해 볼 수 있으며 이는 각 집단활동 및 자유선택활동을 할 때 상호작용의 방법으로 밀접한 관련이 있다. 격려를 해 준다는 것은 영아와 유아의 행동결과를 인정하고 그에 맞는 능력에 따라 도전을 할 수 있도록 지지하게 되기 때문이다.

(1) 격려하기

교사는 언어적 · 비언어적 상호작용을 통해서 영유아에게 격려를 하게 된다. 이야기나누기 시간에 수줍은 많은 영아나 유아가 친구들 앞에 나와서 몸을 움찍거리며 자신감 없는 눈빛과 자세를 보일 때, 옆에 앉아 있는 교사는 영유아의 손을 잡아주면서 영유아가 첫마디를 시작할 수 있도록 질문을 하게 된다. 영아와 유아는 대답으로 시작했지만 자신의 생각을 말할 수 있게 된 것이며 교사가 고개를 끄덕여 주는 반응을 보여주므로 더욱 자신감을 갖게 될 수 있다. 한 유아의 이야기가 끝나고 나면, 교사는 유아가 이야기한 것에 대해서 전체 유아들에게 정리해서 들려주므로 끝까지 해낸 유아에게는 자신감을 주게 되고, 친구의 이야기를 끝까지 들어준 유아들의 바른 태도에 대해 칭찬을 하게 된다.

(2) 지지하기

교사는 영유아와 언어적 상호작용을 통해 영유아 개인의 능력을 고려한 기대를 표현하게 된다. 즉 영유아에게 기대되는 능력에 영유아가 도달할 수 있도록 이에 적합한 학습방법을 사용하여 도움을 주거나 도전해 볼 수 있는 기회를 제공함으로써 집단활동 및 놀이참여에 자발적인 동기유발을 강화시킬 수 있다. 이를 위해서는 교사가 영유아의 개인 능력을 잘 파악하고 있어야 하며, 영유아가 불완전한 말이나 논리적이지 않은 표현을 하더라고 그들의 표현을 이해하기 위해 주의 깊게 듣는 태도와 인내심이 요구된다.

(3) 인정하기

인정하기는 영아와 유아에게 관심을 보이며 긍정적인 격려를 해 주는 행동이다.

[사진 5-1] 영아반의 의사소통 영역

영아나 유아를 인정한다는 것은 영유아로 하여금 즐겁게 활동에 참여하도록 해 주지만 지나친 칭찬은 활동 과제에 대한 영유아의 동기를 약화시킬 수 있다. 따라서 적절한 수준의 인정이 중요하다(윤희경 외, 2003). 자유선택놀이가 끝나고 영역의 정리를 주도적으로 한 유아에게 "00가 정리를 도와 주니까, 쌓기영역이 훨씬 깨끗하고 정돈이 잘 되었구나."와 같이 유아의 행동에 있어서 객관적인 사실에 근거하여 격려해 줄 수 있다.

4) 3~5세 누리과정에 기초한 상호작용

누리과정 지침서(교육과학기술부 · 보건복지부, 2012)에 나온 유아와 교사의 상호작용 유형은 다음과 같다.

(1) 인정하기

인정하기란 유아에게 관심을 기울여 주고, 활동을 지속할 수 있도록 긍정적인 격려나 칭찬을 해 주는 것을 말한다. 교사가 유아의 생각이나 느낌, 행동을 인정해 주면 유아는 더욱 즐겁게 생활하고 활동에 참여할 수 있다. 막연하고 지나친 칭찬은 유아의 내적동기를 약화시킬 수 있으므로 지양해야 한다. 그보다는 사실에 근거하여 노력에 대해 인정해 주어야 한다.

(2) 모범보이기

모범보이기란 반(학급)에서 일어나기를 바라는 경향, 태도, 가치에 대해 교사가 바람직한 모습을 보여줌으로써 유아가 적절한 행동을 하도록 하는 상호작용을 말한다. 교사는 유아에게 기대하는 행동, 즉 바르게 말하기, 정리정돈하기, 공손한 태도, 골고루 먹기 등을 교사 자신이 매일의 생활에서 실천함으로써 유아가 자연스럽게 느끼거나 받아들일 수 있도록 하는 것이다.

(3) 촉진하기

촉진하기는 교사의 최소한 개입으로 유아의 학습을 용이하게 해 주는 상호작용 유형을 말한다. 즉, 유아가 과제 내지는 문제를 보다 쉽게 해결할 수 있도록 일과 계획하기, 도구 근처에 두기, 보조교사 배치하기, 활동시간 조절하기 등의 방법을 의미한다.

(4) 지지하기

지지하기는 유아의 현재 능력이 어느 정도에 이르면, 다음 발달 수준으로 넘어서도록 도움을 주거나 도전해 볼 수 있는 기회를 제공하는 것을 말한다. 교사는 유아가 어떤 단계에 있는지 파악하고, 새로운 단계로 발전할 수 있도록 기회를 주어야 한다. 그리고 각 유아가 스스로 하고 싶지만 도움이 없으면 하기 어려운 활동 과제를 알아내어 도움을 주어야 한다.

(5) 함께 구성하기

함께 구성하기는 모형이나 블록을 함께 쌓아올리는 것처럼 교사와 유아가 공동으로 문제나 과제를 함께 생각하고 조사하며, 배우고 해결해 나가는 것을 말한다. 이때 교사와 유아는 모두 학습자인 동시에 교사가 된다. 따라서 문제나 과제를 해결해 가는 과정에서 교사가 즉시 답을 알려주기보다 유아와 함께 공동의 학습자가 되어 유아가 문제해결 과정을 경험해 가도록 도와야 한다.

(6) 시범 보이기

시범 보이기는 어떤 사항을 유아에게 구체적으로 지도하기 위해 교사가 활동에 적극적으로 참여하여 보여주는 상호작용을 말한다. 유아는 교사가 직접 시범 보이는 모습을 관찰할 수 있기 때문에 더욱 쉽게 특별한 기술을 습득할 수 있다. 위험한 도구를 사용하는 데 가장 안전한 방법을 보여주거나 새로운 기술을 가르칠 때 효과적인 방법이다.

(7) 지도하기

지도하기는 유아가 착오 없이 학습이 이루어지도록 교사가 필요한 정보나 지식을 전달하는 경우를 말한다. 지식과 정보를 더 많이 가진 사람이 그렇지 못한 사람에게 정보를 전달하고 말해 주는 것은 전통적인 상호 방식 중의 하나이다. 지도하기는 유아들이 스스로 문제를 발견하고 해결하는 것보다 직접적으로 그 방법을 말해 주는 것이 더 효과적일 때 사용하는 것이 바람직하다.

또한 유아와 교사, 유아와 유아, 유아와 환경 간에 능동적인 상호작용이 이루어지도록 한다(교육과학기술부 · 보건복지부, 2013).

유아는 교사나 또래와 개별적으로 또는 집단으로 상호작용하면서 새로운 지식과 기능을 습득하고 태도를 형성해 간다. 또한 제공되는 교육환경, 제시된 교재나 교구를 가지고 개별적으로 상호작용하는 동안에도 학습한다. 상호작용은 유아에게 제공되는 지식이나 기능, 가치를 일방적으로 흡수하는 것이 아니라 인지적, 정서적 교류를 통해 보다 능동적으로 지식을 구성하며 학습하는 것이다. 상호작용의 핵심은 일방적이 아니라 쌍방적인 것이다. 교사가 유아에게 일방적으로 질문하고 답하는 방식은 상호작용이 아니다. 유아와 교사, 유아와 유아가 서로 생각을 나누면서 함께 학습할 수 있도록 배움의 공동체 문화를 형성하는 것이 중요하다.

반(학급)의 구성원이 모두 함께 참여하여 서로의 생각을 나누고 나와 다른 생각을 존중하며 서로에게서 배워하는 반(학급)의 문화가 만들어져야 한다.

교사는 교사-유아, 유아-유아, 유아-환경간의 상호작용을 지원할 때 유아의 연령, 사전 경험, 발달 수준 등을 고려해야 한다.

만 3세	유아가 처음 기관 경험을 하는 경우에는 격리 불안과 낯선 상황에 대한 두려움을 배려하여 상호작용하며, 만 4, 5세 유아에 비해 오감을 사용한 직접적 탐색에 보다 중점을 두고 상호작용하는 것이 필요하다.
만 4세	유아는 생활 · 문화적 배경이 만 3세보다는 확장되며 조금 더 구조화된 시간 구성이 가능하므로 학기가 진행됨에 따라 주제에 대한 이야기나누기나 대집단으로 생각을 공유하는 시간을 점차적으로 늘려간다.
만 5세	유아는 협동 능력과 규칙에 대한 인식이 발달하며 선호하는 또래와 우정을 형성하기도 하므로 또래 간 상호작용에 보다 중점을 두고 지원한다.

출처: 3~5세 연령별 누리과정 해설서, 교육과학기술부 · 보건복지부, 2013.

또한 유치원평가 매뉴얼(2015)에서 제시한 교사 · 유아 간 질적인 상호작용은 다음과 같다.

첫째, 교사의 발문은 시범 또는 자료 제시와 함께 유아의 사고를 확장하는 중요한 교수방법이다.

- 교육활동의 특성이나 유아의 학습 단계에 따라 다양한 발문을 사용함으로써 창의적인 사고를 유도한다.
- 교육활동에 적절한 교사의 발문은 유아의 수준에 맞는 질문을 통해 사고를 촉진시키고, 좀 더 확장된 사고로 이끌어 주는 동시에 피드백의 수단이 되어 높은 차원의 지식을 구성할 수 있도록 유도한다.

둘째, 유아는 주위환경, 성인이나 다른 유아들과 상호작용하면서 관찰하고 자신이 지각한 바에 대해 생각함으로써 지식을 구성해 간다. 이에 또래와 교사 및 주변 환경(교재·교구포함)과 다양한 상호작용을 한다.

- 교사의 지시나 설명을 위주로 하는 교사 중심의 교사-유아 상호작용에 치우치지 않고, 교사-유아, 유아-유아, 유아-교구 간의 질적인 상호작용이 골고루 균형있게 일어날 수 있도록 한다.
- 교사는 유아가 교사의 설명을 통해 새롭게 접한 개념이나 기술을 주변의 교구나 자료를 가지고 개별 활동을 하는 동안 다시 경험함으로써 더 명확하게 개념을 형성하고 기술을 익힐 수 있도록 한다.
- 다른 유아와의 상호작용 과정에서도 자신이 알게 된 개념이나 익힌 기술을 적용하고 확장시켜보도록 한다.
- 교사는 교육과정을 편성할 때 일련의 상호작용이 일관성 있고 체계적으로 이루어질 수 있도록 세심하게 계획한다.

4. 발달을 촉진하는 상호작용

1) 영아기 상호작용

현대 사회구조의 변화, 취업모의 증대(Lombardi, 2003), 보육예산 확대로 비취업모의 영아도 어린이집에 양육을 위임하고 있어, 영아들에게 어린이집은 일반적이고 일상적인 환경이 되었다(Anna, Bodil & Anderson, 1997). 이로 인하여 부모와의 애착형성의 부족함을 보완하기 위한 보육교사의 역할이 무엇보다 중요하게 되었다. 영아와 보육교사 간 애착 행동이 영아와 어머니의 애착형성과 유사하다는 결과를 보고하고 있다(Howes, 1999; Cathryn L. Kelly, Susan J. Spieker & Tracy G. Zuckerman, 2003). 또한 영아와 보육교사와의 애착안정성이 친사회적 또래 상호작용과 상관을 보인 연구결과(권인옥, 2008)를 볼 때 영아기에 교사가 상호작용을 통해 안정애착 형성이 또래와도 친사회적인 관계를 형성하는 데에도 관계가 있음을 알 수 있다. 따라서 교사는 영아가 교사와 애착과 신뢰감을 가질 수 있는 상호작용을 적극적으로 하여 영아가 성장하면서 또래와 상호작용을 잘 할 수 있는 토대를 마련해야 한다.

또한 에릭슨은 영아기에는 애착과 신뢰감 형성, 자율성을 가장 중요한 발달과업으로 강조하였다. 영아가 애착과 신뢰감을 형성할 수 있고, 자율성을 가지고 스스로 탐색해 나가는 시도를 할 수 있는 영아의 발달특성에 맞는 양육자의 상호작용은 신체적 터치와 공동주의로 설명할 수 있다.

(1) 신체적 터치

곽금주 · 김수정 · 김연수(2011)는 신체적 터치에 대해 다음과 같이 설명하고 있다.

첫째, 신생아를 돌보는 신체적 터치는 안기, 안고 이동하기, 몸단장해 주기 등을 들 수 있다. 출산 후 신생아와 곧바로 신체적 터치를 하는 경우 더 애정 있게 보살펴 주는 행동(신체를 문질러 닦아 주기, 흔들어 주기, 단순히 접촉하기, 잡기)을 많이 했다(Carlsson, Fagerberg, Horneman, Hwang, Larsson, Rodholm, Schaller, Danielsson, & Gunderwall, 1978; 곽금주 · 김수정 · 김연수 · 2011에서 재인용). 이것은 신생아 뿐 아니라 양육자의 양육행동에도 서로 영향을 주고 있음을 알 수 있다.

둘째, 영아를 돌보는 신체적 터치는 뽀뽀하기, 쓰다듬기, 마사지 등으로 느린 속도로 진행되며 양육적 기능을 할 때, 영아를 진정시킬 때 많이 사용된다. 또한 간질이기, 흔들기 껴안기, 들어올리기, 이동하기, 영아의 팔다리를 구부리거나 뻗치기 등은 빠른 속도로 진행되며 신체적으로 놀이할 때, 영아를 웃게 하기 위해 많이 사용된다.

그러므로 교사는 애정 있는 신체적 놀이를 하는 신체적 터치를 영아에게 자주 해 주어 전체적인 발달을 촉진해 주어야 한다.

(2) 공동주의

곽금주 · 김수정 · 김연수(2011)는 공동주의를 다음과 같이 설명하고 있다.

공동주의(joint attention: 혹은 함께 주의하기)는 영아의 일상에서 다른 사람과 함께 제3의 물체에 주의를 기울이는 상태를 말한다. 이는 영아가 어떤 대상이나 사건에 대한 가리키기(pointing), 시선 옮기기(gaze shifting)를 조합하는 것을 포함하는 것으로 영아의 의사소통의 가장 중요한 수단이 될 수 있다. 그러므로 영아가 가리키는 것, 바라보는 것에 즉각적인 반응을 보여주는 양육사의 상호작용이 있을 때 영아는 자율성을 가지고 적극적으로 탐색해 갈 수 있으며 언어, 인지, 사회성 발달의 기초를 마련할 수 있게 해야 한다.

2) 유아기 상호작용

에릭슨은 심리사회적 발달에서 유아기에는 주도성이 획득되어야 한다고 강조하였다. 김정미(2010)는 '주도적인 유아'는 능동적으로 수행하는 유아이고, 스스로 활동에 기꺼이 참여하기로 결정할 수 있는 유아라고 하였다. 이러한 주도성이 있을 때 유아는 자신이 주도하는 활동에 몰입을 경험할 수 있고 이부 세계를 적극적으로 알아가게 되며 이러한 과정 속에서 자신감을 키울 수 있게 된다. 김정미(2010)는 주도적인 유아가 될 수 있도록 지원하는 상호작용 전략으로 유아가 주도하는 바에 따르기, 유아를 살펴보며 질문 없이 대화하기, 유아의 성향에 맞추어 기대하기, 유아에게 선택할 기회를 주기, 유아에게 준만큼 받기(주고받기), 유아가 할 수 있는 것만큼 요구하기, 유아보다 적게 말하기, 가르치기보다 놀이상대자로서 행동하기 등을 소개하고 있다. 이러한 반응적인 상호작용이 교사와 유아 간에 빈번히 이루어질 때 교사와 유아는 긍정적인 관계를 형성할 수 있고 주도적인 유아로 성장할 수 있게 된다.

또한 교실상황에서도 교사가 유아가 스스로 지식을 구성해 가고 스스로 문제해결을 할 수 있도록 도와줄 수 있는 상호작용을 해야 한다. 이러한 상호작용을 알아보기 위해 유치원 만 4~5세 연령의 학급에서 교사가 어떠한 스캐폴딩(scaffolding)을 사용하는지 찾아본 김혜선(2001)의 연구에서는 유아의 흥미유발하기, 참여시키기, 모델 제시하기, 정서적으로 지원하기, 목표인식하기, 이해를 확인시키고 설명하기 등의 책략을 사용하는 것으로 밝히고 있다.

교사는 유아 스스로 지식을 구성해 나가는 건물에 비계를 설정하여 더 발전해 갈 수 있도록 지원을 할 수 있어야 한다. 교사가 유아와의 상호작용을 통해 김혜선(2001)이 밝히고 있는 다양한 스캐폴딩(scaffolding) 책략들을 사용한다면 교실에서 다양한 활동을 통해 유아의 사고를 확장시켜 주고 유아가 풀기 어려운 문제해결을 유아 스스로 다시 해결해 보도록 구체적인 지원을 할 수 있을 것이다.

5. 상호작용 평가

영유아-교사 상호작용은 보육서비스의 질적 향상을 도모하기 위해 도입된 평가인증제도에 반영되어 있다. 보건복지부 · 한국보육진흥원(2015)은 제시한 어린이집 평가인증지표 4영역은 상호작용과 교수법이다. 제시된 평가지표를 보면 상호작용을 '일상적 양육'과 '교사의 상호작용'으로 구분하였고, 평가기준을 우수한 수준, 부분적으로 우수한 수준, 미흡한 수준으로 구분하고 있다. 영유아의 식사, 간식, 낮잠 및 화장실 사용 시 교사의 상호작용, 영유아를 존중하는 태도 및 영유아의 요구나 질문에 대한 반응, 다툼이나 문제 상황에서 보육교사의 개입 등을 평가한다.

하위영역	항목	평가기준	
일상적 양육	즐거운 식사(수유)와 간식	3	보육교사가 영유아의 바람직한 식습관과 자율성을 격려하고, 즐거운 분위기에서 대화를 나눈다.
		2	보육교사가 영유아의 바람직한 식습관과 자율성을 격려하나, 즐거운 대화를 나누지 못한다.
		1	보육교사가 집단 배식 및 급식에만 열중한다.
	편안한 분위기의 낮잠	3	낮잠 시간을 마련하여 편히 잠들 수 있는 분위기를 만들어 주고, 영유아의 개별적인 낮잠 습관을 수용한다.
		2	낮잠 시간은 있으나, 편히 잠들 수 있는 분위기나 개별적인 낮잠 습관 중 한 가지를 배려하지 못한다.
		1	낮잠 시간이 없거나, 있어도 편히 잠들 수 있는 분위기와 개별적인 낮잠 습관을 배려하지 못한다.
	자연스러운 배변 경험	3	보육교사는 기저귀 갈기, 화장실 사용 시 영유아가 긍정적인 경험을 갖도록 개별적 상호작용을 한다.
		2	보육교사는 영유아의 긍정적인 배변 경험을 위한 개별적인 상호작용을 하지 않는 경우가 가끔 있다.
		1	보육교사는 영유아의 긍정적인 배변 경험을 위한 개별적인 상호작용을 거의 하지 않는다.
교사의 상호작용	영유아를 존중하고 평등하게 대하기	3	보육교사는 영유아를 존중하고 대등하게 대한다.
		2	보육교사는 영유아를 존중하지 못하거나, 평등하게 대하지 못하는 경우가 가끔 있다.
		1	보육교사는 영유아를 존중하지 못하거나, 평등하게 대하지 못하는 경우가 자주 있다.

하위영역	항목	평가기준	
	영유아의 요구와 질문에 민감한 반응	3	보육교사는 영유아의 요구와 질문을 잘 알아차리고 적절하게 반응한다.
		2	보육교사는 영유아의 요구와 질문을 알아차리지 못하거나, 적절하게 반응하지 못하는 경우가 가끔 있다.
		1	보육교사는 영유아의 요구와 질문을 알아차리지 못하거나, 적절하게 반응하지 못하는 경우가 자주 있다.
	긍정적인 방법의 행동지도	3	보육교사는 영유아의 행동지도에 긍정적인 방법을 사용한다.
		2	보육교사는 영유아의 행동지도에 긍정적인 방법을 사용하지 못하는 경우가 가끔 있다.
		1	보육교사는 영유아의 행동지도에 긍정적인 방법을 거의 사용하지 못하거나, 행동지도를 하지 않는 경우가 대부분이다.
	또래 간 긍정적 상호작용의 격려	3	보육교사는 나누기, 협동하기, 도와주기, 사이좋게 지내기, 배려하기 등 또래 간 긍정적 상호작용을 자주 격려한다.
		2	보육교사는 또래 간 긍정적 상호작용을 가끔 격려한다.
		1	보육교사는 또래 간 긍정적 상호작용을 거의 격려하지 않는다.
	자유놀이에 교사 참여	3	보육교사는 영유아의 놀이 상대로 참여하고, 놀이를 활성화시킨다.
		2	보육교사는 영유아 놀이에 소극적으로 참여하거나, 놀이를 활성화시키지 못한다.
		1	보육교사는 영유아 놀이에 거의 참여하지 않는다.
	영유아 간의 다툼이나 문제상황 개입	3	영유아 간에 다툼이나 문제 발생 시, 보육교사는 영유아가 원인을 서로 이해하고 스스로 해결하도록 지도한다.

하위영역	항목	평가기준	
		2	영유아 간의 다툼이나 문제 발생 시, 대부분 보육교사가 해결해 주거나 개입하지 않는 경우가 가끔 있다.
		1	영유아 간의 다툼이나 문제 발생 시, 보육교사가 거의 개입하지 않는다.

* 3=우수한 수준, 2=부분적으로 우수한 수준, 1=미흡한 수준, 관찰로 평정

출처 : 보건복지부 · 한국보육진흥원(2015). 2015 어린이집 평가인증 안내(40인 이상 어린이집).

유치원에서는 상호작용 평가에서 교사-유아 간에 질적인 상호작용이 이루어지고 있는지를 확인한다.

① 교사는 유아가 호기심을 가지고 활동에 능동적으로 참여하도록 적절한 발문을 하고 있는지 확인한다.

- 활동의 도입단계에서 유아의 궁금증, 호기심 등 참여를 유발하는 발문을 하고 있다.
- 유아의 이해 수준에 적절하면서도 창의적인 사고를 유도하는 발문을 하고 있다.
- 언어적 칭찬과 격려를 많이 하고 있다.

② 교사가 유아의 발달단계와 흥미를 고려하여 또래와 교사 및 주변환경(교재·교구 포함)과 다양한 상호작용이 골고루 일어날 수 있도록 유도하는지 확인한다.

※ 교사와 유아, 유아와 유아, 유아와 교구간의 상호작용은 균형 있고 적합하게 해야 함.

③ 교사가 긍정적이고 수용적인 태도로 유아의 교구와 흥미에 적절하게 반응하는지 확인한다.

교사 · 유아 간에 질적인 상호작용이 이루어지고 있다.	5	교사의 발문이 적절하며, 교사-유아 간에 질적인 상호작용이 활발하게 이루어진다.
	4	5와 3의 중간 수준

	3	교사의 발문과 교사-유아 간 상호작용이 부분적으로 적합하다.
	2	3과 1의 중간 수준
	1	교사의 발문과 교사-유아 간 상호작용이 모두 미흡하다.

출처: 경기도교육청. 2015 제3주기 유치원 평가 매뉴얼.

Chapter 06

창의적 교수법

✎ **교사가 효과적인 교수활동을 위해 고려해야 할 점과 교수법의 접근방법 및 평가의 내용을 안다.**

영유아를 위한 보육 · 교육과정이 영유아의 발달과 흥미에 적합한 활동으로 경험될 수 있도록 하기 위해서는 교사의 창의적인 교수법이 요구된다. 따라서 본 장에서는 효과적인 교수활동을 위한 교수법의 고려사항 및 접근방법, 유치원과 어린이집에서의 교수법 평가 등을 살펴보았다.

1. 교수법의 개념 및 중요성

교수법이란 교사가 어떤 의도로 언제, 어떻게 영유아의 보육경험이나 교육활동을 이끌고자 하는가에 대한 접근 방식을 말한다. 교육의 대상인 영유아가 교사의 교수행위에 따라 어떠한 학습의 결과를 얻는가에 관심을 갖고 더 잘 지도하기 위한 목적을 갖고 행하는 접근방식이라 할 수 있다.

교수법 또는 가르침이란 교사가 학습자를 대할 때 적용하는 지식, 신념, 태도, 특히 행동과 기술(이은해 외, 2009)로 말하기도 한다. 이는 교사의 가장 중요한 역할이며 교사에게 필요한 역량을 함축적으로 말한다고 볼 수 있다.

교수법은 교사에 의해 계획된 목표에 따라 영유아에게 정보를 주거나, 기술습득의 모델을 보여주는 교사 주도적 접근법과 영유아 스스로의 흥미와 행동 등을 통해 그리고 또래 친구와의 상호작용을 통해 진행되는 영유아 주도적 접근법이 있다(보건복지가족부, 2010 : 152).

지금까지 여러 차례에 걸쳐 교육과정과 보육과정의 개정이 이루어져 왔으며, 이제는 표준보육과정과 누리과정으로 구분하여 영아와 유아가 교육을 받고 있다. 그러다 보니 새로운 교육과정을 이해하는데 급급하다가 한 학기를 보내거나 기존에 교육 · 보육과정과 별다른 차이가 없다고 소홀히 하는 경우가 있을 수 있다. 하지만 영유아는 보육 · 교육과정을 통해 새로운 지식과 기술, 정보, 경험과 태도 등을 배우게 되며, 궁극적으로는 자율적이고 창의적이며 새로운 가치를 추구하는 인간상으로 키워져야 한다. 따라서 그들의 발달과 흥미에 적합한 활동을 경험하도록 해야 하므로 교사가 창의적인 교수법을 모색하는 것은 매우 중요한 일이다.

교육과정의 개정방향은 올바른 인성의 틀 속에서 창의성이 발휘될 때 진정한 글로벌 인재로서 완성될 수 있다는 것(문용린 · 최인수 · 곽윤정 · 이현주, 2010; 교육과학기술부, 2011)을 전제로 하고 있다. 그러한 측면에서 볼 때 누리과정과 표준보육과정은 올바른 인성을 강조함과 동시에 영유아의 창의성을 발달시키게 됨으로 교사들은 이에 기초하여 교수법을 모색해야 할 것이다.

교수방법에 있어서 '유일한 방법'이란 있을 수 없다. 이는 학급의 학습자가 어떻게 구성되어 있으며 어떤 특성을 지녔는가, 가르쳐야 할 교재 내용의 성질이 어떠한가, 그리고 교육을 담당하는 교사가 누구인가에 따라 나타나는 성과가 달라지기 때문에 교수방법에 있어서 특정한 하나의 방법을 최상의 접근법이라고 단정지을 수 없는 것이다(유구종 외, 2005). 교수법은 교사가 영유아의 연령과 발달수준 및 흥미 등을 고려하여 언제, 어떻게 경험시킬 것인가에 대한 판단을 요구하기 때문에 교사의 전문성이 요구되며 교사 자신의 강점과 약점을 살려서 자신만의 창의적인 교수법을 개발하는 훈련이 요구된다.

2. 교수법의 내용

1) 창의적 사고기법

창의적인 교수방법을 실행하기 위해서는 창의적 사고를 위한 훈련이 필요할 수 있다. 유아의 창의성 교육프로그램(교육과학기술부, 2011)과 이경화 · 유경훈(2014)이 소개한 몇 가지 창의적인 사고 훈련의 방법을 간략히 소개하면 다음과 같으며, 이는 유아들에게 바로 적용하기에 앞서 예비교사들이 먼저 경험할 수 있어야 한다.

(1) 브레인스토밍(brainstorming)

- 창의적 사고기법 중 가장 많이 사용되고 있으며, 브레인스토밍은 뇌에 폭풍을 일으킨다는 의미로 주제나 문제해결을 위한 최대한 많은 아이디어를 여럿이 함께 생각해 보는 사고기법이다(교육과학기술부, 2011). 브레인스토밍을 활용시 유의할 사항은, 유아가 주제와 동떨어진 아이디어를 이야기하여도 수용해 주는

분위기의 조성과 격려가 중요하다.

- Osborn(1963)은 모든 형태의 비판이나 평가는 상상 속의 아이디어를 생산하는 데 방해가 된다고 하였다. 브레인스토밍의 목적은 가능한 한 많은 해결책을 생성하는 것이다(이경화 · 유경훈, 2014).
- 확산적 사고의 훈련으로 어떤 물품의 개선책 생각해 보기, 물건의 특별한 용도(예, 재활용) 생각해 보기, 하늘 위 · 바닷속 · 숲 속의 동물 생각해 보기 등의 활동을 해볼 수 있다.

(2) 속성열거법(attribute listing)

- 제품의 개선 아이디어를 얻기 위한 목적으로 개발된 것으로 사물의 속성을 열거하고 어떻게 기능을 개선할 것인지 생각해 보는 사고 기법(교육과학기술부, 2011)으로 주어진 물체를 속성 수준에서 분석하여 새로운 아이디어를 산출하는 기법이다.
- 새로운 아이디어를 산출하는 유창성과 고정관념에서 벗어나 참신한 해결책을 만들어 내는 독창성을 기를 수 있다(이경화 · 유경훈, 2014).
- 기본도형의 속성을 파악하고 이를 활용한 이야기 꾸미기, 새로운 저금통 만들기 등의 활동을 해볼 수 있다.

(3) 마인드맵(mind map)

- 생각그물(마인드 맵)은 마음 속의 아이디어를 써 보거나 그림으로 그려보는 활동으로 무언가 생각날 때 메모하는 것으로 발전되고 확장된 개인적인 브레인스토밍이라고 할 수 있다(교육과학기술부, 2011).
- 마인드맵을 통해서는 복잡한 아이디어 생성과정이 그림으로 분명하게 나타나며, 아이디어들 간의 관계가 명확하게 나타난다(이경화 · 유경훈, 2014).
- 프로젝트나 주제망 활동을 하는 경우에 유아가 흥미 있어 하는 주제나 대상에

대한 생각그물을 활용할 수 있으며, 유아가 그림이나 상징, 단어, 문장 등 아이디어를 다양한 방식으로 나타낼 수 있도록 지도하는 것이 좋다(교육과학기술부, 2011).

2) 창의적인 교수법

유아를 위한 교수법의 유형은 학자들에 따라 다양하게 분류되고 있지만 현장에서는 어느 특정 유형만을 사용하기보다는 통합적으로 사용하고 있다고 볼 수 있다. 국내의 학자들의 분류한 교수법의 유형을 제시하면 다음과 같다.

표 6-1 유아 교수법의 유형

출처	교수법의 유형	
권영례(1999)	질문 사용법, 탐구 · 발견 학습, 문제해결 학습, 구성학습, 협동학습	
김진영 · 백혜리 · 최윤정(2003)	교사중심모형	직접교수법, 개념교수법, 발문교수법
	유아중심모형	개별학습, 탐구학습, 협동학습, 토의학습
유혜령 · 강은희 · 박지영(2009)	직접교수법, 개별학습법과 개별화교수 · 학습법, 발견적 교수 · 학습법과 탐구 교수 · 학습법, 정화교수 · 학습법, 협력적 교수 · 학습법	
이영자 · 이기숙 · 이정욱(2009)	개념학습, 탐구학습, 직접교수법, 협력학습	

영유아가 개인의 흥미와 요구가 존중되어 혼자 몰입하여 놀이할 수 있는 환경이 제공되고, 때로는 또래와 더불어 함께 공동의 목표를 갖고 결과물을 도출하는 경험이 제공될 때 소속감과 자아존중감을 형성해 나갈 수 있다. 따라서 본 장에서는 개별적 접근, 집단적 접근을 설명할 수 있는 개별화 교수법, 협력적 교수법과 이를 통합하여 적용할 수 있는 프로젝트 접근법을 살펴보고자 한다.

(1) 개별화 교수법

개별화 교수법은 유아들의 다양성을 고려하여 유아 개인이 가장 좋은 학습과정을 경험하도록 교사가 사전에 계획하고 행하는 방법을 의미하며, 모든 유아들의 기본적 요구를 충족시키면서도 개개인의 요구를 채워 주는 개인차를 고려한 병법이다(유혜령 외, 2009). 유아는 즐겁고 흥미로우며 성취감을 느낄 수 있는 활동에 참여할 때 의미있는 학습이 될 수 있기 때문에 영아의 자유놀이 시간과 유아의 자발적인 놀이의 계획과 진행 및 평가를 강조하게 된다.

- 대집단활동보다는 소집단활동을 많이 제공한다.
- 자유선택활동 시간에 개별적으로 탐색하고 학습할 수 있는 충분하고 다양한 교구를 제공한다.

생각해 보기

창의 · 인성교육의 측면에서 개별화 교수법의 의미를 설명해 보세요.

(2) 협력적 교수법

협력적 교수법은 공동체 안에서 공통의 목표를 달성하기 위해 공동체의 구성원이 각기 최선을 다해 참여함으로써 응집력을 형성하고 성취감을 느낄 수 있도록 계획하고 실행할 수 있는 방법을 의미한다.

피아제와 비고츠키의 사회적 구성주의 이론에서 출발한 협력적 교수 · 학습법은 여러 유형으로 개발되어 있으며, 각 유형들은 활동의 전개과정이나 팀 구성에 따라 각기 특성이 조금씩 다르지만, 공동의 목표를 달성하기 위해 구성원간의 협력 활동이 일어나도록 하는데 주안점을 둔다. 유아들이 각자 개별적인 책무를 맡으면서 팀의 의사 결정에도 함께 참여하여 협력적인 상호작용의 경험을 하게 되므로, 자신의 적극적 참여와 노력이 자기 팀의 성취도와 연결된다는 점을 깨닫게 되어 책임감도 길러진다(유혜령 외, 2009). 따라서 자기 자신보다는 또래와의 관계에 더 의미부여를 해 나가는 유아기와 아동기에는 매우 중요한 교수법이 된다.

이영자 등(2009)은 협력학습을 위해서는 목표상세화, 학습 자료 고안, 팀 형성, 학습 진전 평가 등이 요구되며, 이러한 교수법의 목표는 유아들로 하여금 그림책, 비디오테이프, 녹음자료, 백과사전, 현장조사 등을 활용하여 주제에 대하여 이해하도록 돕거나 종합적 놀이를 위한 세부 계획을 세워 실천하는 것이라고 설명하였다.

교육이 사람됨을 위한 과정이고 결과라고 볼 때, 영유아의 교수 · 학습에서부터 공동체 의식과 타인에 대한 이해, 협력을 통한 나눔과 배려 등을 통한 학습이 점진적으로 이루어져야 할 것이다.

- 다양한 대 · 소집단활동을 통해 목표를 정하고 정보를 수집해서 계획하고 공동의 활동에 참여하는 경험을 제공한다.
- 협력적인 과제를 통한 결과물을 주변에 알리거나 기록 작업으로 남길 수 있도록 한다.

예 작품 전시회, 인형극 또는 음악극 공연과 악기연주회 등

생각해 보기

사회적 가치의 교육과 협력적 교수법의 관련성을 설명해 보세요.

(3) 프로젝트 접근법

프로젝트 접근법의 실행과정을 주제선정, 예비 주제망 구성하기의 준비단계와 경험 나누기 및 표현하기, 교사와 유아의 공동 주제망 구성하기, 질문목록 구성하기의 도입단계, 현장견학활동, 전문가 면담을 하는 전개단계, 마지막으로 전시나 발

표를 통해 학습내용을 다른 사람들과 나누는 마무리 단계로 설명(이순형 외, 2007)하기도 한다.

프로젝트의 진행을 시작, 전개, 마무리 등 3단계로 구분하여 볼 수 있으며, 주제를 선정할 때에는 영유아의 연령과 발달수준, 흥미와 욕구, 지원가능한 자원 등을 고려하여야 한다.

1 1단계 : 계획과 시작

첫 단계에서는 주제에 관한 토론 및 사전경험 나누기, 주제망 구성하기, 질문목록 작성하기가 주된 활동내용이다. 유아들이 함께 탐구하고 싶어하는 관심 있어 하는 주제를 정한다. 이러한 주제에 대한 이전 경험과 현재 알고 있는 지식을 상호공유하면서 주제를 선정한다. 교사는 예비주제망을 구성하여 교육과정과의 관련성을 고려하며 예비활동 예상안을 작성해 봄으로써 유아들의 브레인스토밍 과정을 효과적으로 지원할 수 있다.

교사와 영유아는 순서에 상관없이 주제와 관련되어 떠오르는 생각들을 나누는 과정의 브레인스토밍을 하면서 접착 메모지에 단어를 적는다. 교사는 이것이 주제망으로 구성되도록 도와 주며, 주제망이 완성되면 정해진 주제에 관해 좀 더 알고 싶은 질문과 자원목록표를 작성하고 프로젝트에 대한 이해와 협조의 내용을 포함하는 가정통신문을 발송한다.

영아반의 진행에 있어서는 교사가 예비주제망을 구성하면서 주제에 관한 영아들의 경험 및 관심사항을 좀더 구체적으로 파악하기 위해 가정으로 안내문을 보내 설문자료를 받은 후 이를 기초로 주제망을 구성할 수 있다.

유아반을 대상으로 진행하였던 '나와 가족' 프로젝트의 주제망을 예로 제시하면 다음 [그림 6-1]과 같다.

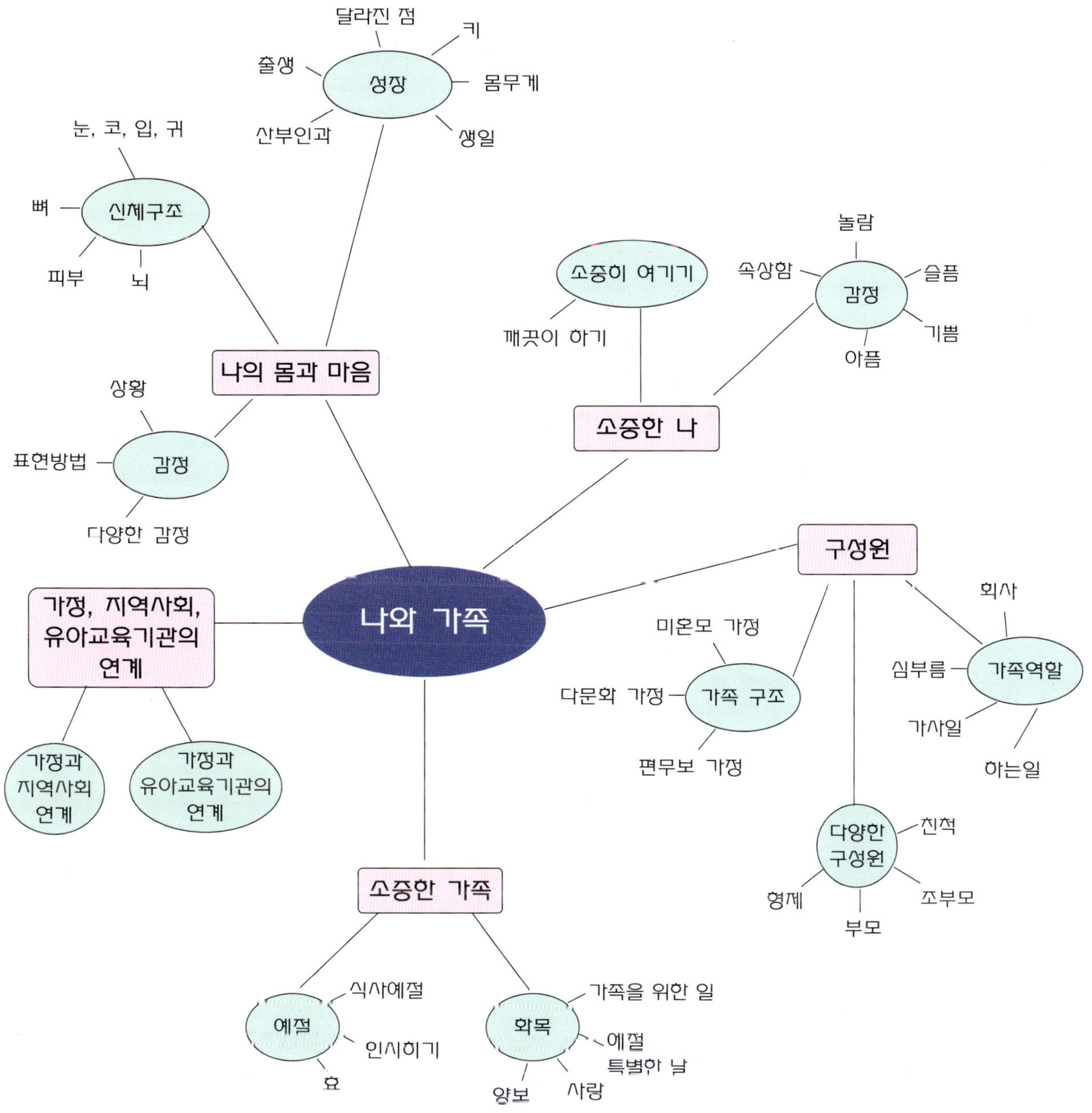

[그림 6-1] '나와 가족' 프로젝트 주제망(만 5세) 예시

출처 : 아이이다움유치원

2 2단계 : 진행 및 전개

두 번째 단계에서는 조사탐구하기, 현장견학하기, 견학 후 활동하기가 주된 활동 내용이다. 교사는 유아들이 새로운 정보를 획득할 수 있도록 현장견학을 준비하고, 주제관련 전문가를 초빙하여 대화를 나누거나 다양한 방법으로 자료를 수집하는 활동을 도와줄 수 있어야 한다. 현장견학은 무엇을 보고 조사할 것인지, 질문할 것인지 등을 생각하고 표상할 수 있도록 기록 작업을 할 수 있는 준비가 이루어지도록 유아들을 지도한다. 견학을 다녀와서는 그리기, 쓰기, 만들기, 역할놀이 등 다양한 방법으로 표상할 수 있다.

3 3단계 : 마무리 단계

마지막 단계에서는 학습결과 정리하기, 전시회 준비하기, 전시회 및 평가가 주된 활동내용이다. 유아들이 그 동안 활동한 것을 정리하여 결과물을 전시하거나 발표를 하게 되며, 발표회를 위한 준비과정(초대장, 포스터 제작, 내용구성 등)도 유아들이 역할을 분담하고 토의를 거쳐 진행되도록 한다. 교사는 프로젝트의 결과물을 어떤 형식을 통해 부모, 지역사회 사람들, 교직원들과 공유할 수 있는가를 충분히 생각하고 진행을 도와야 한다. 전시회를 마치고 나면 유아들과 함께 진행했던 주제의 모든 과정과 전시회를 통해 느낀 점, 좋았던 점, 앞으로 다른 주제를 하게 될 때 반영해야 할 점 등을 토의하며 결과물을 순서적으로 잘 정리하도록 한다.

생각해 보기

- [그림 6-1]의 '나와 가족' 프로젝트를 위한 영역별 구성과 전시물, 조사활동, 가능한 전시회에는 어떤 것들이 있는지 생각해 보세요.

[사진 6-2]는 '여행'을 주제로 진행 중인 프로젝트의 주제망으로 유아들이 작업한 것을 교실의 벽면에 게시한 것이다.

[사진 6-1] '여행' 프로젝트의 주제망 예시

[사진 6-2, 6-3]은 소를 모빌로 만들고 재사용을 이용해 농장을 꾸민 것으로 '우유' 프로젝트 결과물의 일부이다.

[사진 6-2] 소모빌

[사진 6-3] 농장

생각해 보기

- '여행'과 '우유' 프로젝트의 주제망을 만들어 보세요.

Chapter 07

교수매체

✎ **교수매체의 특성과 기능을 이해하고, 교수매체의 활용을 확장한다.**

교사들은 유아들과 활동을 계획하고 효과적인 진행을 위해 교수매체를 활용한다. 활동에 필요한 교수매체는 제작 또는 상품화된 자료를 선정하며, 이는 유아들의 연령 및 발달수준에 적합한 것으로 선택한다. 교수매체의 선택을 위해서는 여러 가지 교수매체의 특성을 잘 알아야 한다. 따라서 본 장에서는 교수매체의 특성 및 기능, 교수매체의 종류 및 분류방법과 교수매체의 활용방법을 제시하였다.

1. 교수매체의 개념과 특성

유아들은 논리적인 사고보다 감각에 의존한 지각적인 사고가 앞서기 때문에 이들을 위한 효과적인 학습을 위해서는 유아들의 흥미를 유도하고, 동기를 부여할 수 있으며 활동의 적극성을 유발시킬 수 있는 교수매체가 필요하다. 교수매체의 개념과 특성에 대한 이해는 교수·학습과정에서의 활용뿐 아니라, 교수매체의 분류를 통한 보관 및 관리에 기초가 된다.

1) 교수매체의 개념

매체(media)는 어떤 것을 전달하는 데 매개가 되는 것이며, 교수매체는 교수·학습과정에서 교사와 유아간에 정보를 전달할 수 있도록 하는 매개체를 의미한다. 즉 교수·학습과정의 학습내용을 교육의 목적에 따라 효과적이며, 경제적으로 전달하기 위해 활용하는 매개체이다.

교수매체에 대한 협의의 정의는 교과서를 포함한 모든 인쇄매체, 실물, 표본, 영화, TV, 게시판, 컴퓨터, 놀잇감 등 교수·학습과정에 동원될 수 있는 모든 실물매체, 즉 시청각 교육매체를 의미한다. 그리고 광의의 정의는 모든 종류의 교수·학습과정에 동원되는 학습자료를 포함하는 일체의 교육환경으로서 교사의 교수방법과 학습을 위한 환경의 조성, 분위기 등을 포함하는 총체적 교육환경을 의미한다(홍순정 외, 2005).

2) 교수매체의 특성

교수매체는 활동영역별로 고정되어 있는 것이 아니라 연령과 발달수준, 그리고 진행 중인 교육활동에 따라 교체된다. 교수·학습과정에서의 교수매체의 특성(전선영 외, 2005; 유혜령 외, 2009)을 소개하면 다음과 같다.

① 교수매체는 학습을 능률적, 효과적으로 이끈다. 학습하고자 하는 내용이 어려울 경우, 그 내용을 재구성하여 구체적이고 감각적인 형태로 단순화하거나, 학습시 이해하기 쉬운 형태로 바꾸어 준다.

② 유아들의 흥미를 유발시키고 적극적으로 학습활동에 참여하도록 하여 인상적이고 기억에 오래 남는 학습이 될 수 있다.

③ 다양한 교수매체를 사용함으로 학습경험의 확대와 심화를 가능하게 하여 효율적인 학습을 이룰 수 있으며, 다른 방법으로는 쉽게 얻지 못할 경험을 제공한다.

④ 유아 개개인의 경험적 배경은 모두 다를 수 있지만 교수매체를 통해 공통된 경험을 제공한다. 이는 유아들의 경험의 차이로 생길 수 있는 문제를 완화시킬 수 있다.

⑤ 교수매체는 메시지의 편집이 가능하다. 실물이나 실제 장면에는 우연적이고 주변적인 내용이 많아 유아가 직접 경험할 경우 중심이 되는 내용을 파악하기 곤란한 경우가 많은데, 시청각 자료로 중심내용만을 간추려 제시함으로써 효과적인 학습이 될 수 있다.

⑥ 시간적으로 일회성을 지니는 사건이나 사물을 고정화하여 보존함으로써 필요할 때에 재생시킬 수 있는 기록성이 있다. 사진, 영화, 비디오 테이프 등이 사물이나 일어난 상황을 고정화시킬 수 있는 매체이다.

2. 교수매체의 속성과 기능

1) 교수매체의 속성

교수매체는 상징적 속성, 내용적 속성, 기술적 속성, 상황적 속성 등의 네 가지 속성을 지닌다. 이러한 속성들은 서로 밀접한 연관성을 지니면서 매체를 이용한 교수 · 학습상황에 영향을 미친다(Salomon, 1979). 교수매체의 네 가지 속성에 대한 내용을 살펴보면 다음과 같다(홍순정 외, 2005).

(1) 상징적 속성

상징적 속성은 매체에 따라 내용을 전달하기 위해 언어, 문자, 음성, 그림, 기호, 동작 등의 특정한 상징체계를 사용한다는 것이다. 상징적 속성에는 상징적 기호를 이용한 표상법, 그림과 같은 영상적 표상법, 몸짓과 같은 활동적 표상법이 있으며, 전달하고자 하는 정보나 사상, 내용은 다양한 방식으로 표상화가 가능하다.

(2) 내용적 속성

내용적 속성은 모든 매체가 특정한 내용을 포함하고 전달하며, 매체는 어떤 내용이나 정보를 전달하기 위한 수단으로 사용된다는 것이다. 각각의 매체를 통하여 똑같은 내용을 전달하더라도 학습자에게 미치는 효과는 달리 나타나게 된다.

(3) 기술적 속성

기술적 속성은 매체를 구성하는 재료 및 기기의 속성으로 정보의 전달방법에 영향을 주게 된다. 여기에는 어떠한 매체도 사용하지 않고 사람이 직접 전달하거나 실물을 활용하는 비매체적 전달방법과 각종의 투영기를 이용하는 투사적 영상전달 방법, 상징적 기호나 문자를 통하여 전달하는 인쇄매체를 이용하는 방법 등이 있다.

(4) 상황적 속성

상황적 속성은 메시지가 전달되는 사회적 환경이 매체의 효과에 영향을 미친다는 것이다. 동일한 매체가 전달하는 동일한 내용일지라도 그 매체를 활용하는 상황에 따라 의사소통의 효과가 달라진다.

2) 교수매체의 기능

어떤 교수매체이든지 간에 일반적으로 지니고 있는 교육적 기능은 매개적 보조기능, 정보전달기능, 경험구성기능 그리고 교수기능 등을 들 수 있다(권성호, 1990). 이러한 기능을 유아교육기관에 적용하여 살펴볼 수 있다.

(1) 매개적 보조기능

교수매체의 매개적 보조기능은 교수 · 학습을 촉진시켜 주는 중요한 기능이다. 교수 · 학습의 과정에서 매체를 사용하게 되면 사용하지 않을 때보다도 학습효과를 증진시켜 주게 된다는 사실은 이미 많은 연구 결과에서 입증되고 있다.

교수 · 학습의 과정에서 매체를 사용하여 정보를 전달하게 되면, 정확하게 그리고 원활하게 의사소통을 할 수 있고 또한 경우에 따라서는 의사소통의 시간도 현격하게 단축시켜 준다. 왜냐하면 매체를 통하여 시각적 · 영상적 그리고 음향효과를 포함하여 정보를 전달함으로써 유아들의 주의력을 집중시킬 수 있고 학습동기도 유발시킬 수 있기 때문이다.

(2) 정보전달기능

교수매체의 가장 중요한 기능은 정보의 전달기능이다. 매체의 종류에 따라서 전달할 수 있는 정보의 종류가 다르기는 하지만, 일반적으로 교수매체를 이용하게 되면, 교실 밖의 자연현상이나 사상을 생생하게 보여 줄 수 있어서 공간을 초월하여 정보를 전달할 수 있고 또한 사물, 사상, 현상 등을 기록하고 보존할 수 있어서 시간적인 제약을 초월하여 정보를 전달할 수 있는 장점을 지니고 있다(Salomon, 1979).

각 매체는 문자나 기호, 음성이나 음향, 영상이나 그래픽 등의 정보를 전달할 수 있는 독특한 기능을 지니고 있으므로 학습내용이나 유아들의 심리적 특성이나 능력수준에 따라서 매체의 정보전달기능을 잘 선별하여 정보를 전달하게 되면 교수 · 학습을 증진시킬 수 있다.

(3) 학습경험 구성기능

교수매체는 그 자체가 학습경험을 구성하는 기능을 지니고 있다. 매체가 이러한 기능을 하는 사례는 유아가 직접 동시를 조작하거나 OHP, 컴퓨터 등과 같이 전기를 이용한 매체를 사용해 보는 과정을 통해 설명될 수 있다. 즉 매체 자체를 학습대상으로 삼아 기능을 획득하게 되므로 매체는 학습할 내용인 동시에 유아들의 학습경험을 구성하는 기능을 지니고 있다.

(4) 교수기능

교수기능이란 매체의 정보전달기능을 활용하여 학습내용을 구조화함으로써 학습자들의 인지적 사고과정을 촉진시킬 수 있도록 학습 프로그램을 제공해 주는 것을 말한다. 교수기능을 제공할 수 있는 매체로는 컴퓨터, 영화, 슬라이드, 텔레비전, 모형 등과 같이 다양하다고 할 수 있다.

다양한 교수매체는 유아들에게 생동감 있는 학습자극을 제공해 줌으로써 주의 집중력을 높여 주고 나아가서 학습동기를 증진시켜 준다. 또한 유아들의 인지적 과정을 촉진시켜 주고, 기억력을 증진시키며, 심리적 특성이나 발달수준에 적합한 정보의 종류, 학습내용을 제공해 준다.

3. 교수매체의 종류와 분류

다양한 교수매체의 종류와 특성 및 활용에 따른 유의점을 숙지한다는 것은 효과적인 교수 · 학습을 위해 기초적인 단계라 할 수 있으며, 이러한 이해를 토대로 매체를 분류기준에 따라 보관하여 정리할 수 있다.

1) 교수매체의 종류

(1) 그림 · 사진자료

1 그림 · 사진자료의 특성

그림 · 자료는 손쉽게 구할 수 있고 교수 · 학습과정에서 사용이 편리한 자료이다. 또한 제작이 간단하고, 비용이 적게 들며 시각경험을 할 수 있는 자료로 폭넓게 활용되고 있다.

① 그림 · 사진자료의 장점

- 잡지, 카탈로그 등에서 쉽게 구할 수 있어서 경제적이며, 도안집이나 동화책의 그림을 복사하여 사용할 수 있다.
- 특별한 설비가 필요 없기 때문에 영유아에게 제시하는 데 활용 장소의 제한을 받지 않기 때문에 사용이 편리하다.
- 신문이나 잡지의 그림을 오려서 이용할 수 있으며, 복사기나 컴퓨터를 이용하여 그림 또는 사진자료를 사용 목적에 따라 다양한 방법으로 손쉽게 제작할 수 있다.
- 영유아의 활동사진은 내용의 이해를 돕는데 효과적이다.

② 그림 · 사진자료의 단점

- 동작의 움직임을 볼 수 없어서 움직임과 관련된 내용을 다룰 경우에는 부적절하다.
- 그림 · 사진자료는 평면자료이기 때문에 만지고 맛보는 등의 직접적인 감각경험이 요구되는 개념이나 기술의 학습에는 효과가 떨어진다.
- 원자료의 크기가 고정되어 있으므로 용도에 맞게 조절해서 사용해야 한다.

2 그림 · 사진자료의 활용

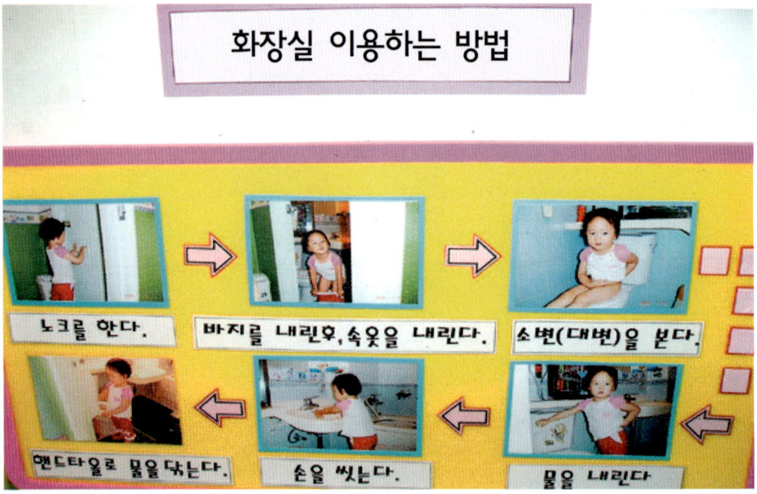

[사진 7-1] 화장실 이용방법

[사진 7-2] 하루 일과 소개책 1

[사진 7-3] 하루 일과 소개책 2

① 교통안전과 관련된 사진은 집단활동 시간에 사용할 수도 있지만, 쌓기영역에 게시하여 놀이 시간이나 소집단활동 시간에 설명자료로 활용할 수 있다. 또한 영아반의 경우, 복도에 구성된 여러 가지 탈것들의 주차장 앞에 게시함으로써 놀이를 하면서 교통안전에 대한 이해를 도울 수 있다.

② 화장실 이용방법을 나타내는 [사진 7-2]는 집단활동 시간에 사용할 수도 있지만, 화장실에 게시하여 화장실을 이용할 때마다 학습할 수 있다.

③ 하루 일과 소개책을 나타내는 [사진 7-3]은 낱장의 그림 또는 사진자료로 집단활동 시간에 또는 환경구성에 활용될 수 있지만, 책으로 만들어서 언어영역에 제공할 수 있다.

3 그림 · 사진자료 활용시 유의점

① 대상 영유아들이 볼 수 있는 충분한 크기의 자료를 제시해야 한다.

② 교사용 자료로 사용한 그림 · 사진자료는 영유아들이 다시 볼 수 있도록 관련

된 영역에 게시하는 것이 좋다.

③ 자료를 코팅하거나 투명시트지, 비닐을 입힌 경우에는 제시할 때 빛이 반사될 수 있음을 고려해야 한다.

(2) 융판자료

1 융판자료의 특성

융판자료는 베니어판이나 하드보드지에 융이나 펠트천과 같이 약간의 보풀이 있는 헝겊을 씌워서 만들어 사용하는 시각자료이다. 제작이 용이하고 조작이 간단하며, 교사와 영유아가 쉽게 활용할 수 있기 때문에 자주 사용하는 교수매체 중의 하나이다.

① 융판자료의 장점

- 자료제시의 순서나 속도에 융통성이 있다. 교사가 영유아들의 반응에 따라 자료의 순서를 바꾸어 제시하거나 생략해 가며 제시할 수 있기 때문에 제시순서와 속도를 조절할 수 있다.
- 학습의 효과를 높일 수 있다. 융판자료는 제시된 자료를 하나씩 떼어내며 다른 자료를 더 참가하여 사용하기 때문에 영유아들을 쉽게 집중시키며 학습의 내용을 전달할 수 있다.
- 여러 가지 활동에 다양하게 활용할 수 있다. 융판이나 융판자료는 자유선택활동이나 소집단, 대집단에서도 활용할 수 있다.

② 융판자료의 단점

- 평면자료이기 때문에 동적인 장면이나 입체적인 내용을 다루는 학습에는 부적절하다.
- 융판자료는 융판에 직접 붙여서 제시해야 하므로 배경을 부분적으로 묘사할 수밖에 없다.

- 영유아들에게 제시하거나 보관할 때 자료끼리 서로 엉겨 붙을 수 있다.

2 융판자료의 활용

융판자료는 삼각대를 만들어 흥미영역에서 영유아들이 사용하도록 제공해 줄 수 있다. 예를 들어, 수 · 조작영역에서 사물의 비교, 패턴, 탈것을 분류해 보기 등을 하도록 제시할 수 있으며, 언어영역에서는 융판동화나 이야기꾸미기를 하도록 제시할 수 있다. 또한 대 · 소집단의 형태로 진행할 때에는 앞치마를 교사가 입은 후 동화를 들려줄 수 있다.

[사진 7-4] 융판동화

[사진 7-5] 앞치마 동화

3 융판자료의 활용시 유의점

① 제시하려는 자료를 미리 순서대로 바구니 또는 쟁반에 잘 정리해 두어야 한다.

② 하나의 자료를 너무 오랫동안 제시하면 집중력이 떨어질 수 있으므로 자료의 특정 부분을 조금씩 흔들어 보이는 등 변화있게 사용해야 한다.

③ 준비된 자료를 한꺼번에 보여주지 않도록 하며, 간단명료하게 제시하고 붙일 위치와 시점을 사전에 충분히 파악해 두어야 한다.

(3) 자석자료

1 자석자료의 특성

자석자료는 자료의 뒷면에 자석을 붙여서 함석판이나 아크릴판 등을 자석판으로 활용하여 자석에 붙는 성질을 이용하는 방법이다. 융판자료의 활용과 그 특성이 비슷하며, 자료의 제작이 간편하여 교구나 교수자료에서 많이 활용하고 있다.

① 자석자료의 장점

- 동적인 효과를 낼 수 있다. 자료를 자석판에 붙였다 떼어내는 과정에서 움직임의 효과를 자연스럽게 표현할 수 있다.
- 전체 배경의 제시가 가능하다. 얇은 한지 또는 색상지에 배경을 꾸며서 자석판에 붙인 후 자석을 이용한 동화를 들려줄 수 있다.
- 여러 가지 형태의 자석판을 제공하여 영유아의 흥미를 모을 수 있다.

② 자석자료의 단점

- 제작방법은 단순하지만, 진행도중 자석자료가 떨어지거나, 자석자료끼리 서로 밀어낼 수 있기 때문에 영유아의 흥미를 분산시킬 수 있다.

2 자석자료의 활용

자석자료는 동화구연이나 이야기나누기 시간에 활용된다. 또한 수 · 조작영역, 언어영역에 삼각대나 원통형(깡통) 자석판을 제공하여 영유아들이 직접 조작해 볼 수 있도록 할 수 있으며, 음률영역에서 노랫말을 직접 만들어 보는데 활용될 수 있다.

3 자석자료의 유의점

- 자석자료를 겹쳐서 붙일 경우에 서로 다른 극끼리 밀어내지 않도록 자석의 극에 유의해야 한다.
- 장기 보관을 할 경우 자력이 약해지므로 자석을 자료에서 떼어서 보관해야 한다.
- 한꺼번에 너무 많은 자료를 제시하지 않도록 한다.
- 자석자료를 붙이고 떼는 동작을 짧게 한다.

(4) 입체자료 : 실물, 표본, 인형, 디오라마

1 입체자료의 특성

학습상황에서 사용되는 입체자료는 영유아들이 보다 구체적인 경험을 하게 하며, 오감각을 통한 경험이 가능하여 아이들의 참여 및 학습의 효과가 높다. 입체자료는 실물이나 표본, 디오라마 또는 아이들이 쉽게 접할 수 있는 인형을 활용한다.

① 입체자료의 장점

- 실물자료의 경우 영유아들이 오감각을 이용하여 실제적인 개념을 형성할 수 있다.
- 표본자료의 경우 오랫동안 관찰이 가능하여, 주제에 따라 골라서 사용할 수 있다.
- 인형은 영유아들에게 친밀한 자료이며, 상상의 세계를 표현하기도 쉽고 소재도

다양하여 창의력과 상상력을 충분하게 해줄 수 있다.

- 영유아들의 흥미와 관심을 지속시킬 수 있다.
- 디오라마의 경우 실제 상황을 즉시 한눈에 볼 수 있다.

② 입체자료의 단점

- 실물자료의 경우 시간적, 공간적으로 많은 제한을 받는다.
- 표본자료의 경우 움직임이 없어 동적인 관찰을 할 수 없는 한계가 있다.
- 디오라마는 입체자료이면서 자료의 내용물이 많아 보관상의 어려움이 있다.

2 입체자료의 활용

[사진 7-6] 요리순서 모형

요리활동은 그림 · 사진자료보다 '요리순서 모형'과 같이 모형이나 실물을 통해 설명이 될 때 훨씬 이해가 빠르며, 흥미가 지속된다. 테이블 동화의 경우도 주인공의 이동으로 인해 영유아들의 호기심과 집중력을 유지하는데 용이하여 내용전달이 쉽다. 또한 입체자료 중 모형자료나 테이블 동화 등은 흥미영역에 제공하여 아이들이 직접 경험해 보도록 할 수 있다.

[사진 7–7] 전기를 이용한 동화

[사진 7–8] 테이블 동화

[사진 7-9] 디오라마

전기를 이용한 동화의 경우, 낱장동화이면서 입체동화의 형태를 갖추고 있다. 즉 전구 및 전기선이 들어간 박스 앞에 낱장의 동화를 순서대로 제시하게 되면서 불빛의 변화를 관찰할 수 있는 것이다.

실물자료의 경우 과학영역에서 관찰의 용도로 제공하거나, 역할영역에서 가정놀이 용품을 제공하여 가작화하는 데 도움을 줄 수 있다.

3 입체자료 활용의 유의점

① 실물자료의 경우, 사용시 위험한 요소가 있는지 등을 고려해야 한다.
② 입체자료는 영유아들의 연령을 고려해야 한다. 특히 인형의 경우 영유아들이 쉽게 조작할 수 없다면 흥미를 잃기 쉽다.
③ 입체자료는 크기에 따라 집단의 형태와 영유아들의 자리 배치를 고려해야 한다.

(5) TV, 비디오

1 TV, 비디오의 특성

텔레비전과 비디오는 영유아의 생활과 친숙한 일상적 매체 중의 하나이다. 비디오 자료는 교사가 직접 아이들의 활동을 녹화하여 즉각적인 시청이 가능하여 현장감이 있으며, 영유아들이 관심을 끌 수 있는 매체이다. 한편, TV와 비디오는 영유아의 발달에 미치는 긍정적, 부정적 입장이 공존해 왔다. 따라서 TV와 비디오가 정보전달 매체로서 갖는 특성을 파악해서 적절하게 사용하는 것이 필요하다.

① TV, 비디오의 장점

- 다양한 사건이나 사물에 대한 정보를 있는 그대로 제공해 준다.
- 동적인 대상의 움직임을 그대로 표현해 줄 뿐 아니라 가깝거나 멀리, 또는 속도를 조절하여 촬영 후 관찰하기 쉽도록 자료를 제공해 준다.
- 컴퓨터, 음향기기 등 전자매체와 연결하여 다양한 용도로 사용할 수 있다.
- 영상자료가 동적이기 때문에 학습자의 강한 흥미를 유발시키며, 일상적인 학습이 될 수 있다.

② TV, 비디오의 단점

- 영유아들의 반응에 따라 자료를 임의로 조작할 수 없으며, 정해진 순서와 속도에 따라 수동적으로 사용하게 된다.
- 텔레비전 프로그램은 편집이 곤란하여 학습자의 개별적인 요구나 수준을 반영하기 힘들다.
- 시청하는 화면의 크기를 마음대로 조절할 수 없다.

2 TV, 비디오의 활용

① 텔레비전은 교육용 프로그램을 시청할 때 사용된다. 공간과 시간의 제한점을 고려할 때, 비디오 테이프에 녹화하여 사용할 수 있다.

② 비디오 자료는 학습할 내용을 제시하면서, 교사가 영유아들의 반응에 따라 적절하게 개입하여 상호작용을 하며 진행할 수 있다.

③ 교사가 진행하는 활동의 보조자료로 사용되기도 하지만, 극놀이 준비를 위해 비디오 자료를 통해 동화를 감상할 수 있으며 시청 후 느낌 표현하기 또는

보충하기 등의 활동으로 연결될 수 있다.

④ 비디오 자료는 견학하기 어려운 장소나 견학장소에서 지켜야 할 약속 등 특정 내용을 영유아들에게 직접 가르치는 데 사용될 수 있다.

3 TV, 비디오 활용의 유의점

① 사용하고자 하는 자료는 사전에 전체 내용을 확인해 두어야 한다.

② 비디오 자료의 경우 전체를 한꺼번에 제시하기 보다는 필요한 부분을 골라서 볼 수 있도록 해야 한다.

③ 교사는 영유아들과 함께 시청하면서 반응을 살피며 상황에 따라서는 적절한 개입을 해야 한다.

④ 모든 영유아들이 시청하는 데 불편하지 않도록 조명 및 음향의 크기, 좌석배치 등을 사전에 충분히 고려해야 한다.

(6) OHP

1 OHP(overhead projector)의 특성

① 암막 시설이 없는 밝은 장소에서도 크고 선명한 상을 볼 수 있으므로 특정한 장소에 구애받지 않고 널리 사용할 수 있다.

② 전원 스위치, 초점 조절나사, 상의 높낮이를 조절하는 승강 장치의 세 가지 조작 장치만을 갖추고 있으므로 누구나 손쉽게 조작할 수 있다.

③ 크고 선명한 영상을 얻을 수 있으므로 영유아의 시선을 확보하고 주의를 집중시키는 데 효과적이다.

④ 교사가 영유아들을 마주하고 앉아서 자료를 제시할 수 있기 때문에 아이의 반응을 살펴가며 융통성 있게 활동을 진행할 수 있다.

⑤ 투명 아세테이트와 색펜만으로도 자료의 제작이 가능하며, 특별한 사전 계획 없이 영유아들이 화면을 보는 도중에라도 현장에서 자료를 만들어 가며 사용할 수 있으므로 다른 투사 매체보다 편의성이 높은 매체이다.

⑥ TP는 겹치기나 가리기 방법을 다양하게 활용함으로써 매우 흥미 있는 시각적 연출을 할 수 있어 영유아의 흥미를 끌 수 있다.

2 OHP의 활용

OHP의 활용을 위해서는 준비물로 TP(trans-parency, 투시자료)용 투명 아세테이트와 OHP펜, 투명 컬러 접착지를 준비하여 TP를 제작한다. 직접 수정할 때 필요한 클리너(아세톤), 마운팅 작업을 위한 카드보드 프레임(mount)과 마스킹 테이프를 준비한다. TP는 교사가 그리는 방법도 있지만, 색상 및 시각적인 효과를 고려할 때 동화책의 그림을 복사하는 방법도 가능하다.

OHP동화는 집단활동 시간에 구연할 목적으로 만들어진다. 따라서 이러한 매체 활용으로 적합한 그림동화책을 선정한 후, 동화책을 복사하여 TP를 올려놓은 후 OHP펜으로 그림을 그리고 색칠하게 된다. 작업이 끝나면, 각 장마다 구연할 내용을 확인하여 번호 순서대로 워드작업을 해서 마운트에 붙인다.

OHP 동화는 교사가 직접 그림을 그리거나 그림책을 칼라 복사해서 사용할 수 있으며, 유아들이 그린 그림을 동화로 만들어 사용할 수 있다.

[사진 7-10] OHP

[사진 7-11] OHP 동화

(7) 실물화상기

1 실물화상기의 특성

실물화상기(video presenter)는 실물이나 그림책, 사진, 잡지 등과 같이 빛을 통과시키지 않는 불투명한 자료를 자료투시대에 올려놓고 TV모니터를 통해 볼 수 있는 영상시각 매체이다. 실물화상기는 설비와 조작이 간단하고 이동이 용이하며, 불투명한 자료나 작은 물체를 크게 확대하여 볼 수 있기 때문에 어린이집이나 유치원에서 많이 사용하는 매체이다.

① 유아들이 관심 있어 하는 작은 물체를 확대하여 볼 수 있기 때문에 매우 인상적인 학습이 된다.
② TV나 스크린으로 볼 수 있기 때문에 대집단의 형태에서 용이하다.
③ 주변에서 쉽게 구할 수 있는 자료가 활용될 수 있으므로 시간과 경비가 절감된다.
④ 조작이 간편하여 유아들도 가족사진과 같이 자신이 준비한 자료를 자료제시대에 올려놓고 소개할 수 있다.

2 실물화상기의 활용

① 유아들이 준비한 사진자료나 선명한 화보를 투영해서 이야기나누기 자료로 활용할 수 있다.

② 그림이야기책을 대집단 형태에서 구연해 줄 수 있다.

③ 유아들의 개인 작품(동시짓기, 꼴라주, 주말 지낸 이야기 그림 등)을 올려놓고 설명할 수 있다.

④ 움직임이 적은 생물을 자료제시대에 올려놓고 관찰할 수 있다.

3 실물화상기 활용의 유의점

① 집단의 크기에 따라 화면이 보이는 위치와 자료의 크기를 고려해야 한다.

② 자료를 어떻게 제시할 것인지와 화면에 비춰지는 자료의 크기를 고려해서 자료를 선택해야 한다.

③ 유아들이 물체를 관찰할 때는 시각적인 것보다 실물을 직접 다루어 보는 경험이 중요함을 알도록 해야 한다.

④ TV화면의 크기와 유아들과의 거리가 적절한지 고려해야 한다.

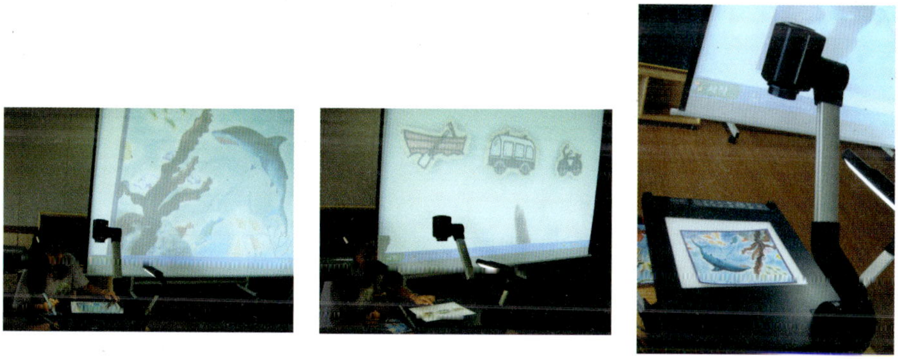

[사진 7-12] 실물화상기

(8) 컴퓨터(CD-ROM, 인터넷)

1 컴퓨터의 특성

컴퓨터는 시청각적 정보를 제공해 주며 전기를 사용하는 다른 매체들에 비해 정보처리 능력이 뛰어나 교사와 유아를 위해 다양한 용도로 사용될 수 있는 매체이다. 사용자와의 상호작용이 가능해 학습의 흥미를 유발시킬 뿐 아니라, 흥미를 지속시킬 수 있는 자료이다.

[사진 7-13] 컴퓨터

① 컴퓨터의 장점

- 유아의 여러 발달적 측면을 자극하는 경험을 제공하는 융통성을 갖고 있다.
- 유아의 의도에 따라 영상, 색체, 도표 등 다양한 방법을 창의적으로 구성 및 활용할 수 있다.
- 유아에게 학습 의욕을 갖게 하며 학습 태도를 향상시킬 수 있다.
- 유아의 논리적 지식 획득에 도움이 될 수 있다.

② 컴퓨터의 단점

- 구체적 사물을 통한 학습의 기회를 제공하지 못하므로 전조작적 사고를 하는 유아들이 학습하는 데는 한계가 있다.
- 화면과 키보드를 주로 사용하게 되므로 유아의 신체적 발달을 위한 풍부한 감각 경험을 제공할 수 없다.

2 컴퓨터의 활용

① TV나 디지털 카메라 등과 연결하여 다양하게 활용할 수 있으며, 인터넷을 이용하여 다양한 정보를 활용할 수 있다. 즉, 프로젝트 수업을 할 때, 자료를 수집하고 정리하고 표현하는 데 중요한 매체로 사용된다.

② 프린터와 연결하여 다양한 색깔, 모양, 크기의 그림 또는 글씨를 만들어서 다른 흥미영역의 활동과의 통합적인 사용이 가능하다. 예를 들어, 놀이규칙 정하기나 시장 놀이시 간판 만들기를 효율적으로 해낼 수 있다.

③ 교사가 CD-ROM이나 인터넷의 사용을 통해 음악활동이나 동화 들려주기를 할 수 있으며, 컴퓨터 영역에서 유아들이 주제와 관련된 개념학습을 할 수 있다. 예를 들어, 자동차의 빠진 부분 찾기나, 그려 넣기 등의 놀이가 가능하다.

④ 이야기나누기, 동화, 동시, 요리활동 시간에 필요한 자료를 교사가 파워포인트(PPT)로 제작하여 음성녹음을 한 후 사용할 수 있다.

3 컴퓨터 활용의 유의점

① 소프트웨어의 선정시, 유아가 사용하기 쉬워야 하며, 유아와 프로그램 간의 상호작용이 활발히 이루어지도록 조작하는 내용을 선택해야 한다.

② 유아간의 상호작용을 격려하며, 유아들의 기다리는 시간이 길지 않도록 최소한 2대 이상의 컴퓨터를 설치해 두어야 한다.

③ 컴퓨터 영역의 구성은 유아들의 신체크기에 적절하도록 배치해야 하며, 사용규칙을 제시해 두어야 한다.

④ 교사 자신이 컴퓨터의 다양한 사용방법을 활동시간에 보여줌으로써 유아들의 창의적이고 논리적인 문제해결 능력에 도움이 될 수 있어야 한다.

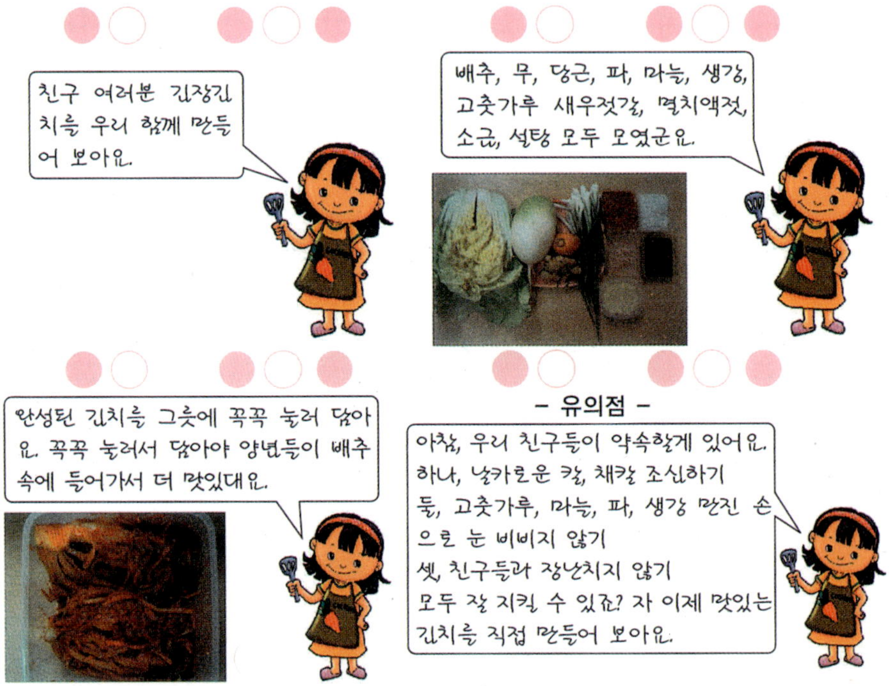

[사진 7-14] 요리활동시 파워포인트의 활용

2) 교수매체의 분류

다양한 매체는 교육의 목표와 영유아의 특성을 고려하여 적절하게 제공되어야 하며 이를 위해서는 분류의 체계가 필요하다. 교수매체의 분류는 매체의 발달에 따라 달라질 수 있으며(이영자 외 1999; 전선영 외, 2000; 홍순정 · 박선희, 2005) 본 장에서는 세 가지의 분류로 제시하였다.

(1) 감각기관에 의한 분류

감각기관에 의한 분류란 각 교수매체가 영유아의 감각기관 중 주로 어디를 통해 정보를 전달하느냐에 따라서 구분한 것이다. 어린이집이나 유치원에서는 주로 시각, 청각, 시청각의 매체를 가장 많이 사용한다.

시각매체는 영유아기의 예민한 감수성과 모방성으로 인하여 영유아가 성장한 이후에도 시각적 이미지로 오래 기억될 수 있기 때문에 매우 중요한 매체라 할 수 있다. 따라서 시각매체의 색채와 그 선명도, 디자인 등은 영유아의 발달을 고려하여 선택해야 한다.

청각매체는 영유아의 청각을 자극하여 예민한 청각적 기능을 기르고 상상력을 높이며, 풍부한 감수성과 지적 능력의 발달에 영향을 미치기 때문에 중요한 매체라 할 수 있다. 따라서 청각매체의 음역과 소리크기, 소리의 다양성 등을 고려하여 선택해야 한다.

감각기관에 의한 분류와 매체의 적용이 주로 이루어지는 영역을 다음과 같이 구분해 볼 수 있다.

표 7-1 감각기관에 의한 분류

구 분	시 각	청 각	시청각
종류	그림, 사진, 게시판, 동화책, 융판, 자석판, 실물, 모형 등	라디오, 악기, 녹음자료 등	영화, TV, 컴퓨터, 인형극 등
적용영역	이야기나누기, 동화, 게임 등	새노래 배우기, 신체표현, 음악감상, 과학놀이 등	인형극 공연, 극놀이, 동화, 영화감상 등

(2) 경험의 구체성과 추상성에 의한 분류

교수매체는 각각의 고유한 특성이 있으며, 이를 통한 경험도 다양할 수밖에 없다.

데일(Dale, 1969)은 교수매체를 활용한 학습 경험의 종류를 그 구체성과 추상성의 정도에 따라 분류하였으며, 이를 '경험의 원추(cone of experience)'라는 모형으로 제시하였다. 이러한 분류는 교육을 개념 형성과정으로 보고 개념의 형성을 위한 기초로서 풍부한 경험이 필요하다는 주장에 토대를 둔 것이다. 경험의 원추는 행동적 경험과 같은 구체적 경험에서 상징적 경험과 같은 추상적 경험을 나타내고 있다.

영유아를 위한 교수 · 학습에는 여러 가지 매체를 통합하여 활용하는 것이 바람직하며, 매체의 활용을 통해 종합 · 분석능력과 추리 · 판단능력을 기르며 일상에서의 상식적인 지식의 기초가 이루어질 수 있어야 한다.

1 행동적 경험(enactive experience)

행동적 경험은 영유아가 직접 행동을 하는 가장 구체적인 경험이다. 교수매체를 통해 얻을 수 있는 경험의 구체성의 정도에 따라 직접 경험, 고안된 경험, 전시 등으로 나눈다.

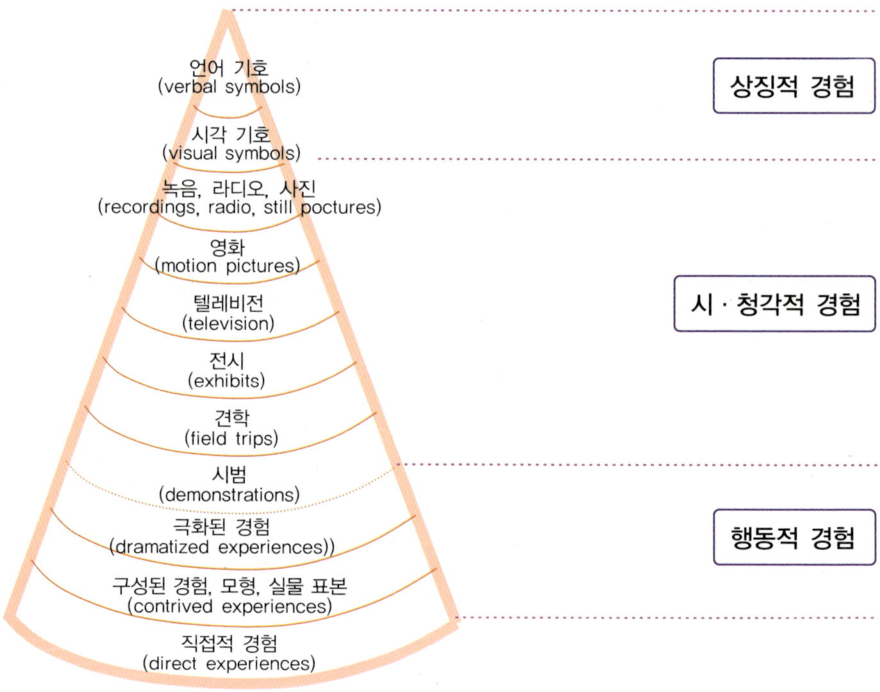

[그림 7-1] 데일의 경험의 원추

① 직접경험

직접경험은 가장 구체적이고 직접적이며 감각적인 경험으로 학습의 기초를 이룬다. 보고, 듣고, 맛보고, 느끼고, 냄새 맡는 등의 일상생활의 경험을 통해 의미있는 정보와 개념을 얻을 수 있다.

② 고안된 경험

고안된 경험은 영유아들이 직접경험하기에는 부적절한 또는 불가능한 상황 또는 물체를 경험하도록 하기 위해 실물보다는 모형을 통해 교육적 효과를 얻을 수 있다.

③ 극화된 경험

극화된 경험은 영유아가 직접 경험할 수 없는 사건이나 상황을 제공하는 것이다. 인형극을 관람하거나 역할극을 하는 등의 경험을 통해 과거와 현재, 미래에 대한 상황을 회상하거나 상상해 볼 수 있다.

2 시청각적 경험(iconic experience)

시청각적 경험은 관찰경험이라고도 하며, 눈으로 보거나 듣는 등 시청각적 표현이나 현상을 통한 경험으로써 어느 정도의 구체성이 있는 경험이다.

① 시범

시범은 중요한 사실이나 생각을 시각적으로 설명하는 것이다. 여기에는 그림 또는 사진자료, 시청각 자료가 사용될 수 있으며, 몸으로 표현할 수도 있다.

② 견학

견학은 영유아들이 직접적인 경험을 하기 위해 교육목표에 따라 실제의 장소를 찾아가서 관찰하는 것이다. 이는 시각적인 자료보다는 더 정확한 개념과 지식을 얻을 수 있다.

③ 전시

영유아들의 작품전시회나 미술관 등에 전시된 자료를 관람하는 것이다. 전시는 바닥이나 벽면, 천정 등 모든 공간을 활용하여 전시물을 보여주며, 이러한 전시물은 영유아로 하여금 관심이 집중되는 효과를 가져온다.

④ 텔레비전, 비디오

텔레비전은 현재 진행되고 있는 사건을 바로 접할 수 있으며, 비디오는 영유아들이 실제적으로 경험하기엔 부적합한 내용일 경우 교육목표에 따라 녹화된 내용을 시청하며 간접경험을 할 수 있다.

⑤ 영화

텔레비전, 비디오와 비슷한 효과를 자기고 있으며 사건의 전개과정을 조직하여 제작할 수 있으며, 생활주제에 관련된 내용으로 교사가 의도한 교육목적에 적합한 것을 경험하게 할 수 있다.

⑥ 사진, 그림, 라디오, 녹음, 슬라이드

사진, 그림, 라디오, 녹음, 슬라이드 등은 다른 매체들에 비해 간접적인 경험을 제공한다. 하지만 시각 또는 청각적 측면에서 집중적인 태도를 유도하는 데는 효과적일 수 있다.

3 상징적 경험(symbolic experience)

상징적 경험은 실제 행동하거나 시청각적 경험과는 다른 추상적인 매체를 통한 경험이다. 즉, 추상적 상징인 시각적 상징매체와 가장 추상적인 언어적 상징매체로 구분된다.

① 시각적 상징

시각적 상징은 추상적인 표현을 다루는 것으로 지도나 그래프 등이 있으며, 일반적인 지식이 요구된다. 예를 들어, 지도에서 방향을 구분하고 거리에서 사용되는 교통과 관련된 기호들은 사용하기 전에 알고 있어야 한다.

② 언어적 상징

언어적 상징은 문자나 음향기호처럼 그 모양새로 개념을 알 수 없기 때문에 시각적 상징과 같이 사전에 이해하고 있어야 사용할 수 있다.

데일(Dale)의 경험에 따른 분류와 마찬가지로 올센(Olsen) 역시 효과적인 학습방법을 제시하였다. 1단계에는 지역사회 경험을 통한 직접적 학습, 2단계에서는 표현적 활동을 통한 직접적 학습, 3단계에서는 시청각 자료를 통한 대리학습, 4단계에서는 언어를 통한 대리학습으로 분류하였다. 결국, 구체적인 경험 또는 학습과 추상적인 경험 또는 학습을 통해 학습의 효과를 기대할 수 있다는 것은 영유아뿐 아니라 학령기 아동에게도 적합한 적용이라 할 수 있다.

(3) 매체의 종류에 따른 분류

교수매체에는 특정한 기구를 필요로 하는 자료와 그렇지 않은 자료들이 있다. 이러한 매체를 간이매체, 영상매체, 전자매체로 구분할 수 있다. 홍순정 등(2005)이 설명한 매체분류와 분류표를 제시하면 다음과 같다.

1 간이매체

간이매체는 대체로 손쉽게 구입하거나 제작할 수 있는 것으로 유아교육기관에서 주로 사용되고 있으며, 인형극이나 실물과 같은 입체적인 매체를 포함한다.

2 영싱미체

영상매체는 투사매체라고도 하는데, 확대된 화면을 볼 수 있을 뿐 아니라, 주위환경이 암막시실 등을 통해 시각적으로 차단되기 때문에 뛰어난 주의집중 효과를 가져올 수 있다.

3 전자매체

전자매체는 매체의 사용법 및 기능에 대한 확실한 지식과 기술을 필요로 하며, 학습내용에 따라 다양한 기능을 적절히 응용하여 진행하면서 교수 · 학습활동을 풍부하게 할 수 있다.

표 7-2 교수매체의 분류

구 분		교수매체의 종류
간이매체	평면매체	그림, 사진, 융판, 자석판, 게시판, 포스터, 그림책, 동화책, 괘도 등
	입체매체	디오라마, 입체동화, 모형, 표본, 실물, 인형 등
영상매체		슬라이드, 투시화(TP), 필름, 실물 환등기 등
전자매체		비디오, 영화, TV, 컴퓨터, 라디오, 음반, 녹음테이프, 콤팩트디스크(CD), 언어녹음카드 등

생각해 보기

만 3~5세 누리과정의 도입 이후 어린이집과 유치원에서 주로 사용하는 매체의 종류에는 어떠한 변화가 있는지 이야기 나누어 보세요.

4. 교수매체의 활용과 보관

1) 효과적인 교수매체의 활용

교수매체를 선택하여 효과적으로 활용하기 위해서는 대상유아의 연령 및 발달특성, 흥미 등을 고려하여 목표를 정하고 그에 따른 매체를 선정해야 한다. 매체를 선정하면, 어떠한 교수방법으로 진행할 것인지를 점검한 후 사용한다. 수업이 끝난 후에는 교사 자신이 선택한 매체의 적절성을 평가해 본다.

[그림 7-2] 효과적인 매체활용 절차

레지오에서는 장기 프로젝트의 효율적인 연구와 대화 기록을 위해 디지털 카메라, 비디오, 프린터, 스캐너, 인터넷 등을 적절히 활용하고 있는 편이다(Bergen, 2000; Trepanier-Street, Hong, & Bauer, 2001). 우리나라의 많은 보육시설과 유치원에서도 이와 같은 매체를 교사들이 적극적으로 활용하고 있다. 예를 들어, 영유아들의 활동사진을 담기 위해 디지털 카메라를 사용하며 영유아들과 함께 스캐너와 인터넷의 다양한 활용을 하고 있다.

교수 · 학습에 전기를 이용한 매체를 사용한다는 것은 영유아들의 아이디어를 풍부하고 심도 있게 표상할 수 있는 기회를 제공하게 되며, 일상생활에서 과학기술을 바르게 사용할 수 있는 능력을 기르는 데 도움을 줄 수 있다. 어떠한 교수매체를 사용했든지 이에 대한 평가는 반드시 필요하다.

교수매체의 활용에 있어서 평가할 내용은 다음과 같다(이영자 외, 2001).

① 활동의 특성과 목적에 맞게 매체가 준비되었는가?
② 사용한 매체가 유아들의 연령이나 수준에 맞으며 흥미를 유발하였는가?
③ 매체활용 특성에 맞게 효과적으로 사용하였는가?
④ 활동에 따른 매체의 배치가 적절했는가?
⑤ 매체활용에 있어서 안전에 대해 고려하였는가?

[사진 7-15] 환경판 사진

2) 교수매체의 활용 예시

(1) 이야기 나누기

교사는 주제 전개과정에서 그림자료, 입체자료, OHP, CD-ROM, 인터넷 등 다양한 매체를 적극적으로 활용해야 한다. 이러한 매체가 이야기 주제에 따라 적절하게 활용될 때, 유아들은 구체적인 경험을 할 수 있으며, 주제를 심화시켜 나갈 수 있다.

- 재봉틀, 다리미, 세탁기의 그림이 있는 입체가방은 더럽고, 찢어지고, 구겨진 옷을 수선하기 위해 필요한 기계에 대해 이야기를 나눌 때 사용한다. 수선하고 세탁해야 할 옷을 입체가방의 옆에 있는 홈에 넣고, 상자의 뚜껑을 열면 깨끗한 옷이 붙어 있다.
- 김장담그기 순서카드는 '김장을 담그려면'이라는 주제로 이야기나누기를 할 때 사용할 수 있는 자료이다. 실제의 재료를 사진으로 찍어서 출력한 것으로써 김장담그기에 대한 유아들의 경험을 떠오르게 할 수 있으며, 이를 위해 이야기 나누기 시간에 한 장씩 붙이며 진행하게 된다.

[사진 7-16] 이야기 나누기 – '기계와 도구'

[사진 7-17] 김장담그기 순서카드

(2) 동시

- '코스모스' 동시와 같이 하드보드지나 우드락에 평면적으로 구성하고, 그림자료 또는 어절을 붙여 가며 낭송한다. 그림자료는 붙였다 떼었다 하면서 유아들이 반복된 운율을 경험하도록 할 수 있다.
- '무엇을 하니'와 같은 입체 동시판은 상자에 그려진 그림자료와 낱개의 그림자료를 활용하여 동시의 전체적인 내용을 읽힌 후 씌여진 동시를 낭송하며 한 개씩 제시하고 세 개를 연결하여 제시한다. 유아들이 내용을 익히면 세 명의 유아가 앞에 나와서 입체상자를 목에 걸고 동시를 낭송해 볼 수 있다.

[사진 7-18] 동시 – '코스모스'

[사진 7-19] 동시 - '무엇을 하니?'

이 외에도 동시판에 낚싯줄을 연결하게 그림자료가 이동하거나 개폐가 될 수 있도록 하는 방법도 활용할 수 있다.

(3) 동화

[사진 7-20] 입체동화 - '사과가 쿵'

[사진 7-21] 입체동화 – '무지개 물고기'

- 동화는 평면으로 된 그림자료 외에도 '사과가 쿵'과 같이 정육면체의 상자를 네 개로 만들어 돌려 가면서 구연을 하며 비오는 상황은 매직으로 그림 그려진 비닐을 찍찍이를 이용해서 붙인 후 구연할 수 있다.
- '무지개 물고기'와 같이 TV상자를 만들거나 상품화된 TV상자를 이용해서 동화를 들려줄 수 있다. 교사가 제작 또는 구입한 동화를 들려주지만 유아들이 제작한 동화를 상자에 넣어 들려줄 수도 있다.

(4) 새노래 배우기

'새노래 배우기' 활동은 동시지도를 위한 매체와 같은 방법으로 제작하여 사용할 수 있다. 새노래 지도를 위한 매체는 입체자료 보다는 평면자료를 주로 사용하지만, 유아의 연령이나 주제에 따라 부분입체의 형태를 사용하는 것도 필요하다.

[사진 7-22] 새노래 배우기 '작은동물원'

(5) 게임

'흥부와 놀부' [사진 7-23]은 편게임을 할 때 사용할 수 있는 매체로써, 흥부팀과 놀부팀으로 나눈 후 양팀의 유아가 한 명씩 나와서 출발 전에 각각 놀부와 흥부의 모자를 쓰고 밥솥에 들어있는 밥알을 주걱으로 붙인 후 제비의 입에 붙이는 활동에 사용된다. 부직포와 찍찍이를 이용해 붙일 수 있도록 하였으며 일대일의 대응 및 전체 수량을 파악할 수 있다.

[사진 7-23] 게임자료 – '흥부와 놀부'

'대문놀이' [사진 7-24]는 유아 두 명이 대문을 반쪽씩 마주보며 잡고 서 있게 되고, 다른 유아들은 한 줄로 서서 노래에 맞춰 문이 열리면 통과하게 되는 놀이에 사용할 수 있는 매체이다.

[사진 7-24] '대문놀이'

(6) 요리

[사진 7-25] 김치만들기 모형 자료 1

[사진 7-26] 김치만들기 모형 자료 2

- 김치만들기 순서 모형은 부식포 및 펠드지, 요구르트병, 솜 등을 활용하여 만든 요리활동의 순서도 자료이다. 요리활동의 순서를 설명하기 위해서 만든 모형으로써 요리를 시작하기 전에 유아들이 직접 순서를 나열해 보며 재료에 대한 이해를 하게 되고, 이를 통해 요리의 진행을 순조롭게 하는데 도움을 줄 수 있다.

- 식빵 옷꾸미기는 요리활동을 하기 전에 교사가 직접 요리과정을 촬영한 후 유아들에게 파워포인트로 제작을 하여 설명하게 되면 유아들이 친근감을 느끼며 요리활동에 대한 기대감이 커질 수 있다.

3) 교수매체의 보관

영유아의 발달에 적합한 교수매체의 제작 또는 구입하는 것이 중요한 만큼 이를 어떻게 보관하고 관리하는가 하는 방법이 교육의 효율성에 직접적인 영향을 미치는 요인 중 하나로 볼 수 있다. 즉 교수매체의 보관과 관리가 잘 이루어질 때 교사는 영유아의 교육을 위해 교수매체를 효율적으로 활용하기 때문에 교육의 질을 올리는 방법이 될 수 있다.

(1) 교수매체의 보관 및 관리방법

교수매체를 정리하여 보관하고 관리하는 방법에 대해 알아두어야 할 필수적인 사항이 있다. 이를 정리하면 다음과 같다.

1 교수매체의 현황 파악

어떤 교수매체가 있는지를 점검하면서 기존에 자료가 섞여 있는 경우 분류의 방법을 모색해야 한다. 예를 들어, 이야기나누기, 새노래 배우기, 동화 등과 같이 활동별로 분류하여 본다.

2 교수매체의 목록대장 및 목록 스티커 작성

보유하고 있는 교수매체의 분류에 따라 주제, 흥미영역, 연령, 관리번호 등을 기록하는 목록대장을 만든다. 기록한 내용은 교사들이 주간 또는 일일계획안을 작성할 때 참고해야 하므로 교사실 또는 교수자료실에 정해진 위치에 보관한다.

교수매체의 목록은 영아반과 유아반으로 구분하여 작성한다. 교수매체의 분류는 〈표 7-3〉과 같으며, 교수매체의 목록표의 경우 분류표와 함께 철해서 보관하며, 스티커로 제작하여 교수매체의 보관 비닐팩 또는 상자에 붙여 놓는다.

표 7-3 매체의 종류에 따른 교수매체의 분류 예시

영역구분(ㄱ,ㄴ,…의 순서)	활동명(ㄱ,ㄴ,…의 순서)	목록 번호
이야기나누기	ㄱ. 김장을 담그려면	이야기-ㄱ-①
·	·	·
·	·	·
새노래 배우기	ㄱ. 가을	노래-ㄱ-①
·	·	·
·	·	·

표 7-4 교수매체 목록표의 예시

활동명		대상연령	
관련주제		자료유형	
보육과정 관련영역			
활용방법			

3 교수매체의 사용 후 제 위치에 정리

여러 명의 교사가 사용한 매체는 사용 중에 훼손되거나 분실되지 않도록 주의해야 하며, 사용 후에는 [사진 7-27]과 같이 내용별로 지퍼팩에 넣어서 동화상자에 보관하는 것이 좋다. 이런 경우에는 별도로 바구니를 준비하지 않고 상자를 뒤집어서 그 안에 자료를 놓으면 진행하기에 편리하다.

[사진 7-27] 동화자료 정리

4 새로운 교수매체 기록

추가되는 교수매체는 가능한 빠른 시일 내에 교수매체의 분류표와 목록대장에 기록하고, 목록스티커를 제작하여 붙인 후 영역별로 정리한다.

5 주기적으로 교수자료실 점검

교수자료실의 담당교사는 일정한 주기를 두어 점검하며, 해당 기관에서의 효율적인 활용을 위해 동료교사와 함께 평가를 실시하여 개선해 나간다.

(2) 보관 및 관리방법의 예시

[사진 7-28]~[사진 7-33]에 제시되는 사진들은 40인 이상의 어린이집에서 교수매체를 보관하는 교수자료실이다. 사진으로는 어린이집의 규모를 구분하기 어려운 것은 보육환경의 한 부분으로서 어떠한 여건에서도 최대한의 공간을 찾아내어 활용하고 있기 때문이다.

교수자료실에는 주제별로 구분하여 매체가 정돈되어야 하며, 문구류와 같은 소모품은 상자에 분류하여 보관해야 하며, 인형 또는 행사용품 등은 비닐팩에 넣어 보관할 수 있어야 한다.

[사진 7-28] 교수자료실 1

[사진 7-29] 교수자료실 2

[사진 7-30] 교수자료실 3

[사진 7-31] 교수자료실 4

[사진 7-32] 자료보관 1

[사진 7-33] 자료보관 2

생각해 보기

효율적인 교수매체의 분류방법에 대해서 나누어 보세요.

Chapter 08

환경구성

✎ **최적의 교육 및 보육환경을 위한 연령별, 흥미영역별 환경을 구성한다.**

교육 및 보육환경은 영유아가 가정 밖에서 오랜 시간 생활하는 곳이며, 집단생활을 경험하는 최초의 환경으로 영유아가 건강하고 즐거운 생활이 될 수 있도록 구성하여야 한다. 교육 및 보육의 물리적 환경은 영유아들에게 전생애에 있어서 첫 경험을 제공함으로써 매우 중요한 의미를 갖는다. 또한 단순한 공간적 의미에서 벗어나 영유아의 신체적, 사회 · 정서적, 인지적, 언어적 발달에 영향을 미치는 중요한 역할을 하므로 환경구성의 원리에 따라 최적의 환경을 마련하도록 세심한 계획이 이루어져야 한다.

1. 환경구성의 중요성

교육 및 보육현장에서 환경의 개념은 단지 자연과학이 대상으로 하는 실제적인 환경뿐만 아니라 인간의 사회적 관계에서 생기는 인적 환경 그리고 정치, 경제, 도덕, 예술 등의 문화적 가치를 표현하는 정신적인 환경까지도 포함한다(김진영 외, 2003:189).

인간 행동을 연구함에 있어서 생태학자들은 인간과 환경의 상호 영향을 주장하면서 환경의 중요성을 강조하고 있으며, 환경이 인간으로 하여금 어떻게 행동할 것인지에 대한 단서를 제공해 준다는 의미에서 중요성이 강조되고 있다(Day, 1983).

인간의 발달단계에 있어 영유아기는 그 어느 시기보다도 가장 성장이 빠른 시기이며, 이 시기의 환경요인은 영유아의 발달에 매우 큰 영향을 미치게 된다. 유아교육기관이나 보육시설의 물리적 환경은 단순한 물리적 공간을 뜻하는 것이 아니라 교육과 보육의 목표를 달성할 수 있는 실제의 공간을 의미하며, 보다 내실있는 교육과 보육을 위해서는 환경 그 자체가 교육의 수단이 될 수 있기 때문에 물리적 환경을 효율적으로 계획하여 구성하는 것이 매우 중요하다.

영유아에게 있어서 물리적 환경은 그들의 행동과 사고에 영향을 주고 다른 사람과의 상호작용에 영향을 주며, 영유아의 놀이 및 탐색활동에 영향을 주어 결과적으로 볼 때, 의도한 교육목표를 달성하는데 중요한 역할을 하게 된다. 따라서 환경구성은 궁극적으로 교육의 질을 결정하는 데 매우 핵심적인 요소가 된다고 볼 수 있다(위영희 외, 2008:124).

2. 환경구성의 원리

영유아들이 반일 또는 종일 생활하는 교육 및 보육환경은 다양한 방식으로 발달과 학습을 강화시켜 주는 중요한 요소이다. 실내외 물리적 환경을 어떻게 구성하여 있느냐에 따라 교육의 질, 교육의 운영방침이 달라지므로 교육과정의 운영에 적합하도록 구성되어야 한다.

1) 교육적 환경구성의 원리

영유아들을 위한 교육적 환경구성의 원리는 우선 영유아의 성장과 발달 단계에 맞고, 교육목적 달성과 활동 주제에 맞게 구성하는 것이다. 또한 교육적인 환경구성을 통하여 영유아들이 다양한 경험을 할 수 있도록 하고 자유로운 탐구활동을 유도하며 자발적인 참여가 가능하도록 구성하는 것이다. 최근에는 영유아의 건강과 안전을 강화하고 있으므로 이에 적절한 다양한 환경으로 구성해야 한다.

영유아를 위한 바람직한 보육환경은 평가인증지표에서 제시한 기준을 참고해야 한다. 영유아들에게 적합한 최적의 환경기준을 제시하면 다음과 같다.

① 어린이집 실내의 자연 채광이 충분해야 하며 조명시설이 적절하며 제대로 작동되어야 한다.

② 보육실의 공간이 영유아의 연령, 발달특성을 고려하여 흥미영역으로 구성되어 있으며 배치가 적절해야 한다.

③ 영유아가 혼자 활동하거나 휴식을 취할 공간이 있고 부분 카펫이나 깔개, 쿠션 등이 마련되어야 한다.

④ 현재 사용하지 않는 비품과 활동자료를 보관할 창고 또는 자료실이 별도로 있으며 자료가 체계적으로 정리되어야 한다.

⑤ 실외 놀이터가 있고 모래밭, 대근육 활동시설 등 실외놀이 시설이 3종류 이상 있어야 한다.

⑥ 대 · 소근육활동의 자료는 다양해야 하며 영유아의 수에 따라 충분해야 한다.

⑦ 언어활동 자료는 듣기, 말하기, 읽기, 쓰기 등의 네 영역별로 다양하고 영유아의 인원에 따라 충분히 있어야 한다.

⑧ 수 · 과학활동을 위한 자료의 내용 및 종류가 다양해야 한다.

⑨ 창의적 표현활동(예: 음악, 미술, 동작, 극놀이)을 위한 자료가 다양해야 한다.
⑩ 역할 및 쌓기 놀잇감이 다양하고 영유아의 인원에 따라 충분해야 한다.

2) 흥미영역별 환경의 구성

흥미영역은 분리대나 교구장 등으로 경계를 암시해 주어 분명하게 구분짓는 교실의 여러 영역들을 말하며, 영역별 특성에 따라 교재 · 교구를 배치하게 된다. 영유아들은 흥미영역에서 자신이 하고 싶은 놀이를 스스로 결정하여 자신의 개별적 흥미나 욕구 및 발달 수준에 따라 자유롭게 선택하고 진행시키는 자유선택활동을 하게 된다. 따라서 흥미영역들은 각 영역별로 그 특수성을 유지하면서도 통합적으로 운영되어야 하고, 영역간의 통행이 용이하도록 해야 하며, 모든 영역이 교사의 시야에 들어올 수 있도록 [그림 8-1]과 같이 개방적으로 구성해야 한다.

흥미영역의 종류에는 쌓기영역, 수 · 조작영역, 언어 · 과학 · 역할영역 등이 있으며 연령에 따라 영역의 구분이 다르다. 흥미영역을 구성하기 전에 클락(Clark, 2003)이 제시한 흥미영역별로 구성해 놓은 교실환경의 장점을 살펴보면 다음과 같다.

① 유아가 학습 영역에서 제공되어진 적당한 활동 등에 참여할 때 유아의 노력과 에너지는 학습과 탐색에 쓰일 수 있다.
② 유아는 학습 경험을 증강시킬 수 있도록 각 학습영역에 제공되어진 재료와 교구들을 탐색하고 조작할 수 있다.
③ 유아는 제공되어진 교재 · 교구들을 이용하여 자신의 활동을 자유롭게 선택하고 실행할 수 있다.
④ 유아가 성장 · 발달함에 따라 또래들과 긍정적인 관계를 발달시키는 데 필요한 간단한 규칙, 즉 차례지키기, 협동적 놀이, 나누어 갖기, 친구 돕기 등을 배울 수 있다.

조용하고 건조한 영역
- 언어영역
- 수놀이 영역
- 조작놀이 영역

활동적이고 건조한 영역
- 쌓기놀이 영역
- 역할놀이 영역
- 음률활동 영역
- 목공놀이

↑ 건조한 곳

← 조용한 곳

활동적인 곳 →

물이 있는 곳 ↓

조용하고 물이 있는 영역
- 요리영역
- 미술(만들기) 영역
- 간식 영역

활동적이고 물이 있는 영역
- 모래/물놀이 영역
- 미술(그리기) 영역
- 과학실험 영역

[그림 8-1] 흥미영역의 구분

흥미영역을 배치할 때 고려해야 할 사항을 제시하면 〈표 8-1〉과 같다.

표 8-1 흥미영역 배치시 유의사항

영 역	유의사항
쌓기영역	· 활동적이고 건조한 공간 · 바닥에 큰 카펫 준비 · 같은 종류끼리 분류 · 정리할 수 있고, 이동이 가능하도록 된 바퀴 달린 개방식 정리장

영 역	유의사항
역할영역	· 움직임이 많고 활동적인 놀이가 가능한 공간 · 쌓기놀이 영역과 인접 배치 · 소꿉 놀이방을 설치
언어영역	· 햇빛이 잘 드는 밝고 조용하며 안정된 공간 · 자연 채광이 어려울 때는 조명기구 준비 · 바닥에 카펫을 깔고, 커다란 쿠션이나 편안한 의자 준비 · 원형 탁자 준비 · 책꽂이를 책표지 전면이 보이도록 설치
수 · 조작영역	· 조용한 공간 · 혼잡스러움을 피하여 영역을 구성 · 과학 영역에 인접하여 배치 · 교구장을 활용하여 수 · 조작 활동 자료들을 분류 수납하여 유아의 능력과 흥미에 맞게 자료를 선택하도록 배치 · 카펫을 깔고 낮은 책상 설치 · 도형 놀잇감을 넣어 둘 쟁반, 바구니 비치 · 소근육 발달과 모양, 크기, 개념의 발달에 도움이 되는 다양한 놀잇감
미술영역	· 물이 있는 공간 · 밝은 곳, 깨끗하게 닦을 수 있는 바닥재 · 작품을 말릴 수 있는 낮은 건조대를 설치 · 작품 및 자료들을 놓을 수 있는 낮은 선반 · 작업복 걸이 비치
음률영역	· 건조하고 넓은 공간 · 바닥에 카펫 · 악기 정리 보관을 위한 정리장 준비 · 녹음기, 핸드폰, 큰거울
과학영역	· 활동적이고 물이 있는 공간 · 구체적인 탐구 활동이 이루어질 수 있는 실내 공간
컴퓨터영역	· 햇볕을 직접 받지 않으면서 밝은 공간 · 콘센트가 가까이 있으면서 물이 있는 곳과는 먼 공간 · 두세 명이 앉을 수 있는 공간

영 역	유의사항
모래놀이영역	· 배수시설이 되어 있는 공간 · 넓은 공간 · 실내에서는 바퀴 달린 이동식 모래놀이대 사용
물놀이영역	· 배수시설이 되어 있는 공간 · 넓은 공간 · 실내에서는 바퀴 달린 이동식 물놀이대 사용

이러한 흥미영역 구성의 장점을 최대한 활용하기 위해서는 주제에 맞는 영역구성도 중요하지만, 교사가 각 영역에 가서 유아로 하여금 놀이에 적극적인 참여가 이루어질 수 있도록 적절한 개입을 하는 것이 중요하다. 자유선택활동시간에 교사의 중요한 역할이 각 흥미영역에서 놀이하는 유아들과의 상호작용 또는 관찰을 통해 유아의 발달 및 행동에 대한 자료수집이 되어야 한다.

생각해 보기

영아반과 유아반의 흥미영역 구성에는 어떠한 차이가 있는지 나누어 보세요.

3. 실내환경과 실외환경

1) 실내환경

(1) 쌓기영역

쌓기영역은 영유아들이 신나고 재미있는 놀이하는 영역이며, 영유아들 대부분이 선호하는 영역이다. 다양한 모양(유니트 블록, 종이벽돌 블록, 우레탄 블록 등)과 다양한 크기의 블록, 인형 및 소형 자동차나 기차 등의 교구를 통해 수, 형태, 색깔 등에 대해 개념을 형성하며, 상상력과 창의력의 증진, 눈과 손의 협응력을 기르며 성취감을 경험한다.

[사진 8-1] 쌓기영역

[사진 8-2] 쌓기영역에서의 활동

쌓기영역은 활동적인 위치에 배치하며, 바닥에는 카펫을 깔아 주어 소음을 방지하고 안정된 분위기를 제공해 주는 것이 필요하다.

(2) 역할영역

역할영역은 소꿉놀이 영역이라고도 표현되며, 엄마 · 아빠놀이, 병원놀이, 경찰놀이 등 각종 실생활에서 보고 들은 역할을 놀이를 통해 경험하고 표현해 보는 영역이다.

[사진 8-3] 영아반의 역할영역

[사진 8-4] 유아반의 역할영역

역할영역은 움직임이 많고 활동이 다양하므로 쌓기영역에 근접하게 배치하여 상황에 따라서는 두 영역을 통합하여 확장된 놀이가 될 수 있도록 하는 것이 중요하다.

(3) 언어영역

언어영역은 듣기, 말하기, 읽기, 쓰기 등의 활동이 이루어지는 영역으로 언어발달이 촉진될 수 있는 자료가 준비된 공간으로 때로는 휴식의 기능을 할 수 있다.

언어영역은 햇빛이 잘 들어 밝고 조용한 곳으로 배치하여 유아들이 집중할 수 있도록 하며, 책꽂이에는 유아들의 흥미와 발달수준에 적합한 그림책 또는 그림이야기책을 제시하는 것이 중요하다.

[사진 8-5] 영아반의 언어영역

[사진 8-6] 유아반의 언어영역

(4) 수 · 조작영역

수 · 조작영역은 사물의 분류 및 배열, 기초적인 수개념 등을 획득하고, 눈과 손의 협응력의 발달이 이루어지도록 준비된 영역이다. 수 · 조작영역은 언어영역이나 과학영역과 같이 조용한 위치에 배치하며, 바닥에 카펫을 깔아 주거나 낮은 책상을 배치해 두어 안정감을 갖도록 하는 것이 필요하다.

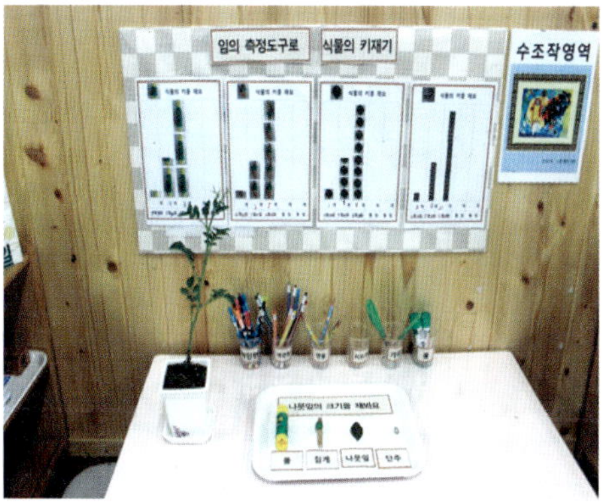

[사진 8-7] 유아반의 수 · 조작영역

(5) 과학영역

과학영역은 사물을 주의 집중하여 관찰하고, 관찰을 통해 새로운 것을 발견하며, 과학적인 사고력을 향상시킬 수 있도록 준비된 영역이다. 과학영역은 조용한 위치에 배치하여 실험 또는 탐색의 경험을 제공해 주는 것이 필요하다. 유아반의 경우 [사진 8-8]과 같이 생물을 관찰할 수 있도록 안전하고 투명한 용기에 넣어 제시할 수 있도록 구성해 줄 수 있다.

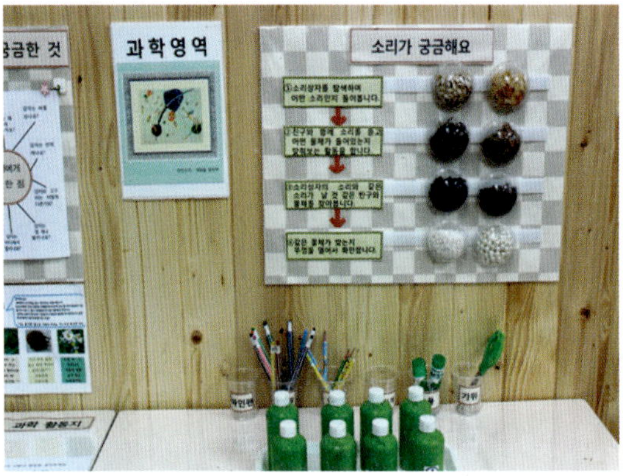

[사진 8-8] 유아반의 과학영역

(6) 미술영역

미술영역은 조형영역이라도 하며 그리기, 색칠하기, 붙이기, 만들기 등의 다양한 재료와 방법으로 활동이 이루어지는 영역이다. 미술영역은 조용한 영역에 포함되며, 출입구에서 가까운 곳이나 세면대에 가까운 곳에 배치하는 것이 바람직하다.

모든 재료는 종류별로 분류하여 바구니 또는 상자에 넣어 교구장에 진열해 놓는다. 유아반의 경우, 순서도를 제시하여 혼자 또는 또래의 도움을 받아 작업을 할 수 있도록 한다.

[사진 8-9] 영아반의 미술영역

[사진 8-10] 유아반의 미술영역

(7) 음률영역

음률영역은 음악을 감상하고 노래를 부르며, 다양한 악기를 탐색하고 연주하며 박자와 리듬을 체험하는 곳으로 많은 영유아들이 참여하기를 좋아하는 영역이다. 음률영역은 활동적인 위치에 배치하여 창의성과 표현능력을 발달시켜 줄 수 있는 경험을 제공하는 것이 중요하다.

[사진 8-11] 유아반의 음률영역

(8) 컴퓨터영역

컴퓨터영역은 생활주제에 따라 다른 영역과 관련된 활동을 통합적으로 할 수 있는 조용한 영역이다. 주제와 관련된 CD-ROM이나 웹사이트의 제시를 통해 주제에 대한 폭넓은 이해와 지식을 탐구하는 자세를 기를 수 있으며, 다른 영역에서의 주제활동을 위해 필요한 자료를 검색하고 디자인하는 경험을 제공하기도 한다. 유아들의 개방적이고 탐구적인 특성을 고려할 때, 올바른 컴퓨터 사용을 유도함으로써 사회적 · 언어적 능력뿐만 아니라 수학적 능력 및 문제해결 능력을 발달시킬 수 있다. 컴퓨터영역은 사전경험이 전혀 없는 유아들의 경우 개별적으로 기본 사용법에 대해서 이해하도록 교사 또는 유아가 도와줄 수 있어야 하며, 이를 위해 컴퓨터의 사용방법 및 순서도가 제시되어야 한다.

[사진 8-12] 유아반의 컴퓨터영역

(9) 대근육영역

대근육영역은 유아기보다 영아기에 중요한 놀이영역으로 실내에서도 한 영역으로 구성되며, 보육시설의 유형에 따라 베란다를 이용한 볼풀장, 복도를 이용한 교통놀이 등 다양한 대근육 놀이를 제공할 수 있다. 대근육영역은 영아들의 인원을 고려하여 기어오르기, 끌기, 타기 등의 대근육 발달을 도울 수 있는 활동이 되도록 다양한 크기의 공, 매트, 탈것 등 수량을 충분히 제시해야 한다.

[사진 8-13] 영아반의 대근육영역

2) 실외환경

(1) 실외놀이터

영유아들은 실외놀이를 통해 신선한 공기를 마시며 자유롭게 신체활동을 경험할 수 있다. 실외환경은 주로 그네, 미끄럼틀, 시소 등과 같이 고정된 놀이기구와 세발 또는 두발자전거의 탈것이 제공된다. 실외환경에도 실내환경과 마찬가지로 흥미영역을 구성하는 것이 바람직하다.

[사진 8-14] 영아용 실외놀이기구

소음이나 안전 등의 문제로 인해 실내환경에서 구성하지 못했던 목공놀이영역이나 동·식물 기르기 영역에서는 자연스럽게 자연탐구 등이 이루어지며 대·소근육 활동 등을 경험할 수 있게 구성된다. 실외환경에서는 놀이시설물의 안전한 설치와 정기적인 점검이 이루어져서 유아들이 활발하고 다양한 신체활동을 통해 사회적 상호작용이 증진될 수 있도록 하는 것이 중요하다.

[사진 8-15] 동물 기르기

[사진 8-16] 식물 기르기

(2) 물 · 모래놀이영역

물 · 모래놀이영역에서는 물과 모래를 가지고 놀이하면서 신체의 민첩성과 사회적 기술 및 과학적 사고를 발달시킬 수 있는 영역이다. 물놀이와 모래놀이는 한 곳에 구성할 수도 있지만, 분리시켜 구성할 수 있으며 화장실과 가까운 곳 또는 실외놀이터에 제공할 수 있다.

물 · 모래놀이영역은 같은 시기에 경험할 수 있지만 물놀이의 경우 여름에 더 많은 시간을 제공할 수 있다. 또한 실외의 구성뿐만 아니라 실내에도 구성할 수 있다. 실내에 구성할 경우에는 영유아들간에 상호작용이 일어날 수 있도록 두 세 명이 함께 할 수 있도록 제공하는 것이 좋다.

[사진 8-17] 물놀이 교구

[사진 8-18] 모래놀이영역

3) 기타 환경

이 외에도 실내의 환경에는 영유아의 개인사물함 뿐 아니라 부모 또는 영유아가 책을 읽을 수 있는 독서의 공간이 되면서 부모들에게는 대기실의 기능을 할 수 있는 공간이 필요하다.

영유아의 개인사물함은 대부분 교실 밖에 배치하기도 하며, 영유아의 연령과 교실 및 복도의 규모에 따라 교실 내에 구성하기도 한다. 이 때 무엇보다 중요한 것은 일관된 정리방법이며 청결을 고려해야 하는 것이다.

[사진 8-19] 영아반의 개인사물함

[사진 8-20] 대기실 겸 휴식공간

4. 환경평가

최근 현장에서 실행되고 있는 프로그램에 대해 질적 요구뿐 아니라 시설의 안전과 연관된 점검을 강화하고 있으며, 특히 영아를 보육하는 어린이집에서는 보육활동에 앞서 우선적으로 안전, 위생, 청결, 건강 등의 프로그램이 실행될 수 있는 기본적인 시설 설치와 관리를 강조하고 있다. 교사는 교육 프로그램을 효과적으로 실행하기 위해서 바람직한 환경, 즉 시설 · 설비, 교수자료 및 구성 등의 환경을 구성하고 운영하여야 한다.

우선 어린이집과 유치원 환경은 안전이 보장된 시설 · 설비의 제공, 연령과 발달에 적합한 기준의 물리적 시설 · 설비의 제공, 위생 · 청결 · 건강이 바람직하게 유지될 수 있는 시설 · 설비의 제공, 영아 · 유아뿐 아니라 교사도 포함된 환경의 제공, 발달과 학습이 촉진되는 놀이영역의 구성, 발달적으로 적합하고 교육적인 놀잇감의 제공 등이 이루어지고 있는지, 기능적 목적 뿐 아니라 편리함, 안락함, 심미감 등이 포함되어져 유아교육기관에 있는 영유아와 성인이 포함된 모든 인적 자원에게 영향력이 있는지 등이 평가되어야 한다.

이와 같은 내용의 평가는 수시로 이루어지거나 매일, 매주, 매월 등 규칙적으로 이루어질 수 있을 뿐 아니라 평가 결과가 바로 수정, 보완, 조치되거나 단기, 장기의 발전 계획에 포함하여 반영하거나 개선하여야 한다. 특히 생리적인 보육부분을 지원하거나 안전, 위생, 소방은 매일 점검이 이루어지며 점검후에 문제가 있을 때에는 즉시 조치가 이루어져야 한다.

반면 보육실은 교사의 환경운영 능력에 따라 구성되고 활동이 이루어진 과정과 효과에 대해 평가가 이루어져야 한다. 흥미영역 구성의 변화나 놀잇감을 첨가하거나 변화를 준 경우는 영유아의 놀이 관찰을 통해 놀이영역의 평가가 이루어지고 교수계획에 반영되어야 한다. 흥미영역의 운영에 대한 평가는 수 단위나 활동 주세의 운영에 따라 보다 긴 기간을 둔 정기 평가와 그에 따라 수정된 반영이 이루어질 수 있다.

영유아를 위한 보육환경은 어린이집 평가인증안내(보건복지부, 2015)의 내용을 도대로 구성하는 것이 바람직하며 이에 따른 점검이 수시로 이루어져야 할 것이다. 그 내용을 소개하면 다음과 같다.

① 보육실의 공간배치

수준	보육환경의 내용
우수	보육실의 공간이 영유아의 연령, 발달특성을 고려하여 흥미영역으로 구성되어 있으며, 배치가 적절하다.
부분적 우수	보육실의 공간이 영유아의 연령, 발달특성을 고려하여 흥미영역으로 구성되어 있으나, 한두 영역의 조정이 필요하다.
미흡	보육실의 공간이 흥미영역으로 구성되어 있지 않거나, 한두 영역만으로 구성되어 있다.

② 보육실 내 영유아의 휴식공간

수준	보육환경의 내용
우수	영유아가 혼자 활동하거나 휴식을 취할 공간이 있고, 이를 쉽게 이용할 수 있다.
부분적 우수	영유아가 혼자 활동하거나 휴식을 취할 공간은 있지만, 이를 쉽게 이용할 수 없다.
미흡	영유아 혼자 활동하거나, 휴식을 취할 공간이 없다.

③ 옥외놀이터와 놀이기구

수준	보육환경의 내용
우수	옥외놀이터가 있고, 놀이기구가 3종 이상 있다.
부분적 우수	옥외놀이터 또는 대체놀이터가 있으나, 놀이기구가 3종 미만 있다.
미흡	놀이터 또는 대체 놀이터가 없거나, 또는 놀이기구가 없다.

④ 신체활동 자료

수준	보육환경의 내용
우수	발달수준에 적합한 신체(대 · 소근육)활동 자료가 다양하고, 양이 충분하다.
부분적 우수	발달수준에 적합한 신체(대 · 소근육)활동 자료가 다양하지 않거나, 양이 충분하지 않다.
미흡	신체(대 · 소근육)활동 자료가 어느 한쪽이 거의 없거나, 영유아의 발달수준에 적합하지 않은 자료가 대부분이다.

⑤ 언어활동 자료

수준	보육환경의 내용
우수	언어활동 자료가 듣기, 말하기, 읽기, 쓰기의 네 영역으로 마련되어 있고, 영유아 수에 따라 충분하다.
부분적 우수	언어활동 자료가 듣기, 말하기, 읽기, 쓰기의 네 영역으로 마련되어 있으나, 영유아 수에 따라 충분하지 않다.
미흡	언어활동 자료가 듣기, 말하기, 읽기, 쓰기 중 마련되지 않은 영역이 있다.

⑥ 자연탐구 자료

수준	보육환경의 내용
우수	자연탐구(수 · 과학)활동 자료가 다양하고, 대부분 실물자료로 구성되어 있다.
부분적 우수	자연탐구(수 · 과학)활동 자료가 다양하지 않거나, 실물자료가 충분하지 않다.
미흡	자연탐구(수 · 과학)활동 자료 중 어느 한 영역이 거의 없거나, 평면자료만 제시하고 있다.

⑦ 예술활동 자료

수준	보육환경의 내용
우수	예술(음악 · 동작, 미술)활동 자료가 다양하고, 양이 충분하다.
부분적 우수	예술(음악 · 동작, 미술)활동 자료가 다양하지 않거나, 충분하지 않다.
미흡	예술(음악 · 동작, 미술)활동 자료 중 어느 한 영역 자료가 없다.

⑧ 역할놀이 및 쌓기놀이 자료

수준	보육환경의 내용
우수	역할놀이 및 쌓기놀이 자료가 다양하고 충분하다.
부분적 우수	역할놀이 및 쌓기놀이 자료가 다양하지 않거나, 충분하지 않다.
미흡	역할놀이 및 쌓기놀이 자료 중 어느 한 영역의 자료가 거의 없다.

⑨ 비품과 활동 자료의 보관

수준	보육환경의 내용
우수	비품과 활동자료를 보관할 장소나 자료실이 별도로 있으며, 자료가 체계적으로 정리되어 있다.
부분적 우수	비품과 활동자료를 보관할 장소나 자료실이 별도로 있으나, 자료가 체계적으로 정리되어 있지 않다.
미흡	비품과 활동자료를 보관할 장소나 자료실이 별도로 없고, 자료들도 정리되어 있지 않다.

⑩ 보육교사를 위한 공간

수준	보육환경의 내용
우수	교사를 위한 개인 사물함이나 개별 책상이 있고, 별도의 공간도 마련되어 있다.
부분적 우수	교사를 위한 개인 사물함이나 개별 책상은 있으나, 별도의 공간은 없다.
미흡	교사를 위한 개인 사물함이나 개별 책상이 없다.

⑪ 보육교사용 참고자료

수준	보육환경의 내용
우수	보육교사용 참고자료가 충분하고, 이를 자유롭게 활용한다.
부분적 우수	보육교사용 참고자료가 충분하지 않거나, 이를 자유롭게 활용하지 못한다.
미흡	보육교사용 참고자료가 구비되어 있지 않다.

Part Ⅲ

영유아 교수방법의 실제

Chapter 09

교수활동의 운영

✎ **효과적인 교수활동을 위한 계획, 실행, 평가의 과정을 경험한다.**

교수 · 학습방법에서 가장 중요한 것은 교사가 계획적인 학습을 수행하기 위해 다양한 교수활동을 어떻게 수행하느냐 하는 것이다. 영유아의 행동을 인정하고 그들의 능력에 적절한 지원과 함께 참여하는 교사의 역할은 자유선택활동 시간과 대 · 소집단 활동 시간을 통해 얼마나 창의적인 교수법을 사용하느냐에 달려 있다고 볼 수 있다. 따라서 본 장에서는 현장 수업을 위한 준비과정으로 집단활동을 계획하고 실행, 평가하는 과정을 다루었다.

교육의 질은 교사의 전문성과 자질이 큰 비중을 차지하며 그중 교사의 전문성은 수업의 전문성이라 해도 과언이 아닐 것이다. 교사가 효과적인 학습을 수행하기 위해 다양한 교수활동을 어떻게 수행하느냐 하는 교수 · 학습방법은 영유아의 행동을 인정하고 그들의 발달수준에 맞게 적절한 지원과 함께 참여하는 교사의 중요한 역할이다.

따라서 본 장에서는 영유아 보육 · 교육 현장에서 수업을 위한 준비과정으로 교사의 교수행동과 교수활동의 운영에 대해 도움이 되고자 한다.

1. 교수활동의 계획

일과운영의 계획은 주간보육계획안에서의 소주제를 주제로 기록하고 이에 따른 학습의 목표를 설정한다. 학습의 목표에 따라 영유아가 학습해야 할 활동에 대한 세부적인 계획을 시간대별로 계획한다. 따라서 일일 교수 · 학습의 계획은 영유아가 하루 동안 한 가지 주제를 중심으로 학습경험을 할 여러 활동으로 구성되는 것을 의미한다.

교수 · 학습을 위한 세부적인 계획으로서의 활동계획안은 제11장에서 직접 계획하고 평가함으로써 보다 쉽게 이해될 수 있을 것이다.

일일 교수 · 학습의 계획은 영유아의 연령에 따라 일과의 순서 및 횟수, 영역이 다르게 된다. 영아반의 경우, 일상적인 양육의 활동이 등원하는 순간부터 시작하여 오전 · 오후 간식, 낮잠시간, 이유 또는 점심식사, 기저귀 갈기 등에서 이루어지며 소집단활동, 대근육활동 등에서 교수 · 학습의 구체적인 활동계획이 이루어진다. 유아반의 경우, 대 · 소집단활동에서 교수 · 학습의 구체적인 활동계획이 이루어진다.

브레데캄프와 로제그란트(Bredekamp & Rosegrant, 1992)는 교사의 교수 행동을 다음의 여덟 가지 유형으로 제시하였다. 이러한 교수 행동들은 비지시적 행동에서부터 지시적 행동까지 양극단 사이에 존재하는 일련의 연속체로 볼 수 있다. 이러한 교수 행동들은 상황에 따라 적합하게 활용할 때 효과적이다.

표 9-1 8가지 교수행동

구분	교수행동 설명
인정하기 (acknowledge)	관심을 보이며 긍정적 격려를 하는 것으로서, 유아가 활동에 지속적으로 참여하도록 하는데 효과가 있다. 하지만 과도한 칭찬은 오히려 유아의 동기 유발을 감소시킬 수 있다.
모델보이기 (model)	교사가 바람직한 행동을 보여주는 것으로서, 일상생활에서의 올바른 태도에 대한 모델을 제시함으로써 자연스럽게 배울 수 있는 기회를 제공할 수 있다.
촉진하기 (facilitate)	유아가 준비되었을 때, 즉 유아 스스로 활동을 전개해 나가는 활동에서 다음 단계로 진행할 수 있도록 일시적인 도움을 제공하는 것이다. 유아가 작은 행동부터 용기를 갖고 도전할 수 있도록 격려해 줄 수 있다.
지원하기 (support)	촉진하기와 유사하나 교사의 참여 정도에서 차이가 있다. 즉 유아와 교사가 어떤 활동을 시작하고 끝내는 것을 함께 결정한다.
비계 설정하기 (scaffold)	교사가 유아의 발달수준을 고려하여 도전적인 활동을 준비하여 현재의 발달수준을 높일 수 있도록 도움을 제공하는 것이다. 교사는 관찰을 통해 유아가 현재 어느 단계에 있는지 파악한다면, 유아가 자신의 잠재적 가능성을 발휘하여 학습 목표를 달성할 수 있도록 도울 수 있다.
함께 구성하기 (co-construct)	지시적인 교수 유형으로 볼 수 있으며, 유아와 함께 활동을 하거나 프로젝트 활동을 함께 수행하는 것이다. 즉 교사와 유아가 학습자이면서 동시에 교사가 된다.
시범 보이기 (demonstrate)	지시적인 교수 유형으로 볼 수 있으며, 교사는 적극적인 참여자가 되고 유아는 시범의 결과를 관찰하는 것이다. 활동이 확실히 잘못된 방향으로 진행되고 있거나 안전하지 않다고 판단될 경우에 적합할 수 있다.
지시하기 (direct)	교사가 어떤 활동에 있어서 특정한 방법으로 유아들이 활동하기를 원할 때 사용하는 것이다. 따라서 교사는 가능한 한 시행착오 없이 학습이 이루어지도록 지시를 해야 한다.

교사는 영유아가 놀이나 어떠한 학습상황에서도 성공의 원인을 자신의 능력에 둘 수 있도록 자긍심과 자존심을 고려하여 교수 · 학습의 기회를 제고하도록 해야 한다. 영유아 스스로가 유능한 존재임을 인식하여 주어진 과제에 적극적인 참여가 이루어질 수 있도록 교수활동을 계획할 수 있어야 한다.

교수활동의 계획은 글라서(Glaser, 1962)의 교수 · 학습과정의 절차로 설명될 수 있으며, 이에 덧붙여 교사들이 점검해 보아야 할 교사의 역할을 이에 관련지어 제시하면 다음과 같다.

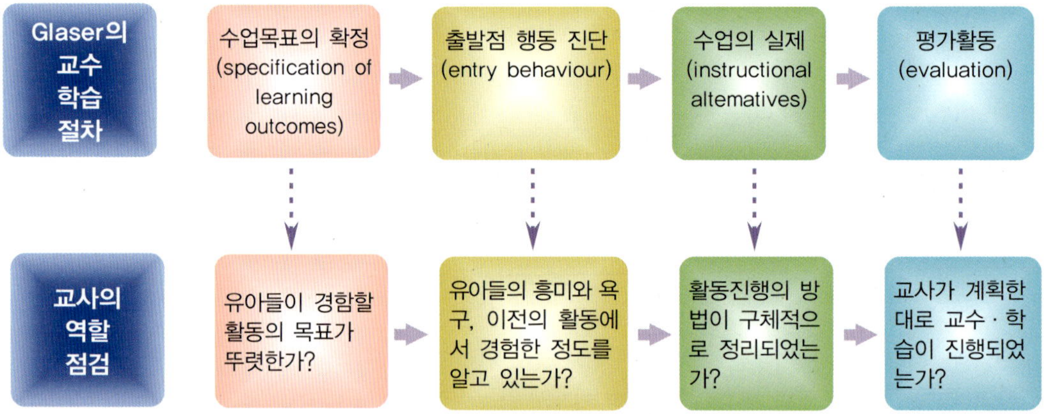

[그림 9-1] 교수 · 학습 절차에 따른 교사의 역할 점검

교수 · 학습 절차에서 수업의 실제인 '활동진행의 방법이 구체적으로 정리되었는가'와 평가활동인 '교사가 계획한대로 교수방법이 진행되었는가'에는 교사가 활동을 진행하기 위해 준비된 교수매체의 활용과 매체활용을 통한 교수방법이 활동에 참여하는 대상에게 적합했는가를 포함하고 있다.

2. 교수활동의 운영

1) 자유선택활동의 지도

(1) 자유선택활동의 내용

자유놀이 또는 자유선택활동은 영아반과 유아반 모두에서 이루어진다. 영아반의 경우 만 0세반은 신체, 언어, 탐색영역으로 구분하고, 만 1세반은 신체, 언어, 감각 · 탐색, 역할 · 쌓기영역으로 만 2세반은 신체, 언어, 감각 · 탐색, 역할 · 쌓기, 미술, 음률영역으로 구분하여 실내자유놀이를 하고 있다. 유아반의 경우 자유로운 분위기에서 언어, 쌓기, 미술, 언어, 수 · 조작, 과학, 음률 영역 등의 흥미영역을 선택하여 놀이하고 평가하는 자유선택활동을 하고 있다.

자유놀이, 자유선택활동 시간은 영유아가 어린이집과 유치원에 오는 중요한 즐거움이 될 수 있다. 이 시간에는 유아들의 잠재능력을 발휘할 수 있으며, 놀잇감 및 또래와의 상호작용을 통해 개별학습을 경험하게 된다. 흥미영역을 진행 주간의 주제에 따라 구성함으로써 주제에 관심을 갖고 자율적이며 집중적으로 즐겁게 놀이에 참여할 수 있고 이를 통해 교육적 효과를 성취할 수 있는 놀이 시간이 된다.

유아교육기관의 하루 일과 중 자유선택놀이 시간은 기관의 특성이나 프로그램의 내용에 따라 조금 다르게 계획된다. 영유아가 아무한테도 방해받지 않고 놀이할 수 있도록 1시간의 자유선택놀이 시간을 권장하거나(Bredekamp & Copple, 1996; Johnson et al., 1999), 놀이계획에 많은 시간을 할애하는 영유아들을 위해 1시간 이상의 놀이시간을 배정하도록 권장하기도 한다(Enz & Christie, 1997).

유아교육 프로그램을 운영하는 경우 대개 실내 자유선택놀이 시간은 1시간에서 1시간 30분이고, 실외놀이는 20~30분을 차지한다. 그렇기 때문에 교사는 철저한 계획과 준비, 관찰로 효과적인 놀이지도를 수행해야 한다(박찬옥 외, 2008).

1 쌓기놀이

다양한 크기와 모양의 블록과 소품(인형, 울타리, 자동차 등)을 이용하여 입체적인 구조물을 제작 · 구성하여 이루어지는 놀이를 말한다. 쌓기놀이는 영유아들에게 공유와 협동의 경험을 제공하며, 대 · 소근육의 조절의 기능을 발달시키며, 다양한 과학적 · 수학적 개념 및 원리를 알아가도록 한다.

[사진 9-1] 영아의 쌓기놀이

2 역할놀이

영유아들이 흥미로운 사건, 상황, 역할, 대상 등을 모방하고 가상하면서 놀이로 재연해보는 놀이를 말한다. 역할놀이를 통해 영유아들은 친구들과 협상하고 타협하는 사회적 기술을 발달시키고, 현실에서 충족시키지 못한 부정적 감정을 해소하며, 사고력과 문제해결력이 증진되며, 타인 조망 수용능력이 발달하게 되고, 상상력과 창의력 그리고 의사소통 능력이 향상된다(박찬옥 외, 2008).

3 언어놀이

언어놀이는 모든 영역에서 기본적으로 이루어지며, 언어영역에서는 다른 사람과 음성언어와 문자언어를 통한 의사소통을 즐기며 그러한 능력을 발달시킬 수 있도록 주제에 따른 도서와 언어활동을 돕는 교구 및 동시판 등을 제공하여 경험하도록 한다.

[사진 9-2] 유아반 언어영역

4 수 · 조작놀이

분류 · 서열화 · 수 개념 등 인지발달 및 눈과 손의 협응력을 발달시킬 수 있는 기초적인 수놀이, 퍼즐이나 구슬꿰기와 같이 소근육을 사용하는 놀이와 판게임 등을 제공한다. 영유아들은 수 · 조작 놀이를 통해 또래와의 상호작용 및 규칙지키기에 대한 충분한 경험을 하게 한다.

5 과학놀이

계절의 특성에 따라 다양한 사물, 동 · 식물 등을 과학영역에 제공하며, 영유아들이 주변 자연현상에 관심을 가지고 주의 깊게 관찰하고 끊임없이 탐구할 수 있는 다양한 활동을 경험하도록 한다.

6 조형놀이

조형놀이를 통해 영유아들이 원하는 것을 자유롭게 표현함으로써 만족감을 느끼고, 미술작품을 보며 미적 심미감이 발달하며, 미술재료를 각자의 생각으로 조작하고 표현하면서 창의성이 발달하고, 친구와 함께 활동하면서 차례지키기, 양보하기, 협동하기 등 사회적 기술을 익히도록 한다(박찬옥 외, 2008).

[사진 9-3] 유아반 미술영역

7 음률놀이

음률놀이는 동적인 영역으로 영아와 유아가 노래 부르고 악기를 다루며, 음악감상도 하고 몸을 움직여 신체표현을 할 수 있도록 구성하여 자신감과 표현력을 기르도록 한다. 소음을 최소화하기 위해 카펫을 깔거나 헤드셋을 사용하도록 한다.

8 물 · 모래놀이

실내에서는 화장실 가까운 곳에 수조를 이용해 모래를 넣거나 물을 담아서 가벼운 물 · 모래 놀이가 이루어지도록 한다. 가능하면 실외에 놀이대를 설치하거나, 모래밭에서 물 · 모래 용품을 가지고 자유롭게 놀이함으로써 성취감과 정서적 안정감을 느끼며, 대 · 소근육의 조절능력을 기르도록 한다.

(2) 지도방법

- 유아들이 한 영역에만 머물러 있지 않도록 하며, 늘 혼자 놀이하는 유아가 있다면 함께 놀이하는 경험을 하도록 돕는다.
- 유아들의 요청이 있다면 도움을 주고 때로는 칭찬과 격려를 통해 스스로 창의적이고 적극적인 놀이를 할 수 있도록 돕는다.
- 놀이평가표를 사용하여 계획하고 평가할 수 있도록 돕는다.
- 유아 개개인의 놀이평가표를 보며, 유아와 영역선택의 빈도와 계획 및 평가의 체크에 대한 이야기를 나누어 계획과 평가의 의미를 이해하도록 돕는다.

(3) 놀이평가표의 사용

교사가 만든 놀이계획 평가지는 놀이를 시작하기 전에 계획을 표시(예 : ✓, ○)하며, 놀이를 마친 후에는 수행 또는 기분에 대한 표시를 함으로써 평가를 한다.

1 학기 초

- 대부분의 유아가 놀이계획을 해본 경험이 없기 때문에 각 영역에 가서 준비된 활동을 소개하며, 영역의 명칭 및 놀잇감을 소개한다.
- 유아들이 하루, 이틀 또는 일주일 정도 경험한 후에는 구두로 놀이할 영역을 말하고 놀이하도록 돕는다.

2 학기 중간

- 집단으로 놀이활동을 소개하고 유아들이 참여하고 싶은 놀이를 생각하게 한다.
- 계획표에 놀이를 계획하게 하고, 선택한 영역에 자신의 이름표(글씨 또는 사진)를 붙인 후 놀이하도록 돕는다.
- 놀이계획이 잘 되면, 놀이평가에 대한 체크가 되도록 돕는다.

(4) 정리 정돈의 지도

놀이를 마친 후에 정리 정돈을 한다는 것은 영아기 때부터 교육해야 하는 부분으로 정리 정돈을 하는 것이 즐거운 놀이의 연장으로 느껴진다면 자발적인 정리습관이 형성될 수 있을 것이다.

드브리스와 잔(DeVeries & Zan, 1994)은 유아들의 유치원 생활에서 정리 정돈은 실제적인 필요에 의해 수행되도록 지도되어야 할 뿐 아니라 궁극적으로 유아들의 도덕적 의무감과 자기규제를 발달시키도록 지도되어야 함을 주장하였다. 이는 정리 정돈이 성인으로부터의 타율적인 지시와 유아들의 강압적인 의무감에 따라 이루어질 때는 자기규제와 자율성의 발달을 도모하기 어렵기 때문이다(서현 외, 2009).

유치원이나 어린이집에서 영유아들에게 정리 정돈을 통해 추구하는 교육적 효과는 정리과정의 즐거움, 교구의 종류와 모양의 분류 및 특성에 대해 자연스럽게 알게 하는 것이다. 또한 놀이 후에는 제자리에 놓아야 한다는 규칙을 지키게 되며 또래와 서로 도우며 정리하는 가운데 사회적 기술을 배울 수 있다는 점이다. 이렇듯 자유선택활동은 놀이의 과정뿐 아니라 정리 정돈까지도 영유아들에게 매우 의미있는 과정이다.

자유선택활동 후의 정리 정돈에 대해 유아들이 갖는 의미에 관한 연구(서현 외, 2009)에서는 다음 몇 가지의 관찰결과를 소개하였다. 즉 진행 중인 놀이를 멈춰야 하는 아쉬운 시간으로써 의미를 가지고 있으며, 정리는 뒷전이고 새로운 놀이의 시작이라는 의미를 가지고 있다. 또한 하기 싫지만 어쩔 수 없이 해야 하는 의무적인 일로써 의미를 가지며, 스스로 즐겁게 정리하는 자율적인 놀이로써 의미도 갖는다는 것이다. 이런 점으로 볼 때, 교사는 자유선택활동에 있어서 놀이과정만을 지도하는 것이 아니라 정리 정돈까지 그 중요성을 염두하고 지도에 대한 계획을 세워야 할 것이다.

놀이 후 정리 정돈이 영아의 각 영역의 발달에 미치는 긍정적 효과

- 기본생활습관
  - 놀이 후 정리 정돈하는 일상생활 습관을 기를 수 있다.
- 신체발달
  - 놀이하면서 만든 구조물을 해체하거나 바닥에 떨어진 작은 놀잇감을 집으면서 소근육을 사용할 기회를 갖게 된다.
  - 큰 놀잇감이나 바구니를 옮기면서 대근육을 사용할 기회를 갖게 된다.
- 인지발달
  - 자신이 갖고 놀지 않았던 놀잇감을 정리하면서 활동실 내에 있는 여러 가지 놀잇감을 탐색할 기회를 갖게 된다.
  - 다양한 재질의 놀잇감을 정리하면서 감각적 경험을 할 기회를 갖게 된다.
  - 놀잇감을 제자리에 정리 정돈하는 과정에서 문제를 해결할 기회를 갖게 된다.
  - 서로 치우겠다고 생긴 갈등을 해결하는 과정에서 대인간의 문제를 해결할 기회를 갖게 된다.
- 사회 및 정서발달
  - 치우는 과정에서 교사의 격려를 듣고 정리된 활동실을 보면서 성취감을 느낀다.
  - 교사가 개별적으로 정리 정돈을 지원하는 과정에서 교사와 개별적인 관계를 형성할 기회를 갖게 된다.
  - 다른 영아가 치우는 것을 돕는 과정에서 친사회적 기술을 실천할 기회를 가질 수 있다.
- 언어발달
  - 누가 무엇을 어떻게 치울지에 대해 이야기를 듣고, 말하고 의논하는 과정에서 효과적인 의사소통 방법을 배울 기회를 갖게 된다.

출처 : 김희진 외, 2005 : 56

2) 대 · 소집단활동의 지도

대 · 소집단활동은 주로 유아반에서 이루어지며 영아반에서는 만 2세반이 가능하다. 집단활동으로는 이야기나누기, 동시, 동화, 신체표현, 동극, 새노래 배우기, 게임 등이 이루어지고 있다.

(1) 대 · 소집단활동을 위한 계획

대 · 소집단활동을 시작하기 전에는 다음과 같이 계획 또는 준비를 하게 된다(이영자 · 이기숙 · 이정욱, 2009).

① 유아의 주의가 집중될 수 있는 곳으로 집단활동 영역을 정하며, 유아가 열려진 문을 마주보고 앉거나 다음 활동 준비 상황을 보는 위치에 있어 주의가 산만하게 되지 않도록 좌석을 계획한다.

② 유아의 연령, 경험, 발달에 적절한 흥미 있는 활동으로 준비하며, 동시감상, 휴식 이야기 들려주기, 게임 등 다양한 활동으로 변화를 가질 수 있게 선정한다.

③ 끝말이 달라질 수 있는 노래부르기, 손가락 놀이, 간단한 게임 등으로 유아가 기대되어지는 활동을 순서적으로 조직하여, 유아들을 모으며 유아가 진행하던 활동을 끝내고 자연스럽게 활동에 참여하도록 돕는다.

교수방법은 집단활동 또는 개별활동이냐에 따라 다를 수 있으며, 활동유형에 따라서도 구체적인 지도 방법이 달라질 수 있다. 그러나 기본적인 지도방법은 도입, 전개, 마무리의 과정으로 진행하게 되므로 활동을 계획시 기본 틀로 하게 된다.

표 9-2 대 · 소집단 활동의 계획

지도단계	주요 활동
도입	· 동기유발 : 영유아의 주의를 집중시키고 교사와 즐거운 시간을 갖게 하며 진행할 내용에 관한 예측을 하게 한다. · 목표인지 : 도달해야 하는 활동목표를 제시하며, 활동과 관련된 이전 경험을 회상하게 한다.

지도단계	주요 활동
전개	• 활동내용 제시 : 교사가 계획한 활동의 내용을 소개한다. 이 때 교수매체의 소개, 활동방법의 설명은 활동내용에 따라 순서를 바꿔서 진행할 수 있다. • 영유아들의 활동참여 : 교사와 영유아가 상호작용을 통해 학습의 목표를 달성하게 된다. 영유아들의 반응에 따라 확장된 활동으로 연장할 수 있다.
마무리	• 활동내용 요약 : 활동의 과정에 대해 영유아들과 정리해 본다. • 평가 : 과정 및 결과에 대해 교사는 영유아의 느낌을 이야기해 보며, 활동에 사용한 매체는 영유아들에게 도움을 요청해서 함께 정리한다.

(2) 대 · 소집단활동의 유형

1 전이활동

유아교육기관에서의 일과운영은 많은 활동들과 이를 연결해 주는 전이(transition) 시간으로 구성된다. 전이란 유아가 하나의 활동 또는 일과가 끝난 후 다른 활동 또는 일과로 이동하는 순간으로 유아교육기관 일과에서 가장 어려운 시간이 될 수 있다(Charner, Murphy, & Ford, 2005; 김현주 · 김영옥, 2010). 전이활동은 등원시간부터 귀가시간까지의 하루 일과를 진행하는 중에 한 활동이 끝난 후 다음 활동으로 이어주는 중요한 활동이다. 대체로 매우 짧은 시간이기 때문에 중요하게 여기지 않을 수 있으나 문제행동이나 소란함이 일어날 가능성이 많은 시간이기도 하다. 그러다 보니 분명히 활동의 계획은 하는데, 심지어는 교육실습과정에서도 연계활동을 하는데 전이활동은 없고 두 개의 활동을 담임교사의 도움으로 이어서 하는 정도 그치는 경우도 많다.

일부 유아는 새로운 활동을 할 준비가 다 되어서 기다리는 반면에 어떤 유아는 아직도 정리가 되고 있지 않으며 기다리는 유아를 방해하기도 한다. 따라서 하루의 일과를 순조롭게 진행하기 위해서는 교사가 전이활동을 계획해야 하고 유아에게 미리 알려 주어 문제행동을 사전에 방지하도록 해야 한다(Brewer, 1998; 권영례, 2006 : 283). 예를 들어 자유선택활동 시간이 끝나고 교구를 정리하게 될 때, 쌓기영역이나 조형영역 등은 유아들이 사용한 여러 종류의 블록과 여러 종류의 미술재료를 제자리에 또는 휴지통에 버려야 한다. 그러한 정리를 하다 보면 다른 친구들에 비해 시간이 걸릴 수 있다. 따라서 이 시간에는 집단활동에 공간이 모인 유아들과 새로운 손유희를 소개하거나 정리를 못 끝낸 친구를 도울 수 있도록 독려할 수 있어야 한다.

교사는 다음 활동이 무엇이며 어디서, 언제 하게 될 것인지를 구체적으로 계획하고 있어야 하며, 이를 유아들에게도 알려 주며, 이 시간에 무엇을 해야 하는지에 대해서도 유아들에게 명확하게 전달할 수 있어야 한다.

[사진 9-4] 전이활동

김현주 · 김영옥(2010)은 일과운영 중에 나타나는 교사의 전이양상을 관찰한 결과에서 일과의 안내와 진행 표시, 다음 활동자료 준비, 전이활동 전개, 기다리는 동안 해야 할 일 안내로 나타났다고 밝혔다. 이를 간략히 정리하면 다음과 같다.

표 9-3 일과운영 중에 나타나는 교사의 전이양상

구분	방법	예시
일과의 안내와 진행표시	한 활동이 끝나는 무렵에 미리 하기도 하고 활동이 시작될 때 구두로 또는 신호음악으로 그 다음 일과를 안내한다.	
다음 활동자료 준비	이전 활동을 한 후 교수자료를 정리하고 다음 활동을 위한 자료 준비를 한다.	
전이활동 전개	주제에 관련된 손유희, 수수께끼, 노래 부르기, 소개하기 등의 활동을 한다.	
기다리는 동안 해야 할 일	현재의 활동을 먼저 끝낸 유아들에게 기다리는 시간 동안 해야 할 일을 안내해 줌으로써 학급에서 일어날 수 있는 혼란과 갈등을 예방한다.	

생각해 보기

일과 운영 중에 나타나는 전이양상 중 교사의 전이양상에 따른 예를 만 2세반과 만 5세반의 상황에서 찾아보세요.

2 이야기나누기

이야기나누기 시간은 진행되는 주제에 대해 자신의 생각과 느낌을 언어로 표현할 수 있는 시간이다. 이 시간에는 다른 사람 앞에서 이야기를 할 수 있는 능력과 다른 사람의 이야기를 바르게 듣고 참여하는 능력을 기르는 데 의의가 있다.

[사진 9-5] 소집단활동

① 내용

하루 일과를 계획하고 평가하기, 주제에 관련된 이야기나누기, 만든 작품 소개하기, 토의 및 규칙정하기 등이 이루어진다.

② 방법

- 진행순서 : 도입 → 전개 → 마무리
  - 이야기 주제에 관한 수수께끼를 낸다.
  - 이야기 주제에 관해 유아들의 반응을 유도하기 위해 적절한 질문을 한다.
  - 유아들의 생각에 대해 격려 및 칭찬을 하면서 질문 또는 대답 등 적극적인 참여를 할 수 있도록 돕는다.
  - 이야기를 나눈 내용을 종합적으로 정리한다.

- 진행시 유의사항
  - 집단크기 및 대형을 고려한다.

- 유아들의 주의집중 시간을 고려한다.
- 다양한 교수매체를 사용한다.
- 유아들이 생각할 수 있는 충분한 시간을 준다.
- 교사는 유아에게 적절한 언어를 사용한다.
- 모든 유아가 골고루 참여할 수 있도록 한다.

tip

'물놀이'가 주제인 이야기나누기 시간에 '참 재미있었지'의 곡에 맞추어 유아들과 개사해서 부를 수 있다.

3 동시

동시 시간은 진행되는 주제에 관련되어 유아의 심리와 감정을 다룬 시를 감상하고 익히는 시간이다. 이 시간에는 리드미컬하고 반복적인 리듬을 반복적으로 말하며 언어적 리듬을 즐기며, 함축된 언어의 표현에 대한 감상을 통해 자신의 느낌을 언어적으로 표현하는 능력을 기르는 데 의의가 있다.

① 내용

주제와 관련된 동시를 들어 보기, 낭송하기, 기억하기, 동시의 배경 꾸며 보기 활동 등이 이루어진다.

② 방법

- 진행순서 : 도입 → 전개 → 마무리
  - 동기유발을 위해 융판자료 또는 그림자료, 퍼펫을 활용한다.
  - 제목을 말해 주고, 제목과 관련된 유아의 경험을 함께 나눈다.
  - 교사가 먼저 낭송을 하고, 유아와 함께 낭송한다.
  - 교사와 유아, 유아와 유아가 번갈아가며 동시를 낭독해 본다.
  - 동시판을 언어영역에 게시할 것임을 알려 준다.

- 진행시 유의사항
  - 현재 진행되고 있는 주제와 연관된 동시로서 유아들에게 정서적으로 공감대를 형성할 수 있는 시를 선택해야 한다.
  - 유아의 발달수준에 맞는 다양한 형식의 동시를 선정해야 한다.

4 동화

① 내용

동화를 듣는 시간은 유아가 이해할 수 있는 언어를 사용하여 영유아의 정서, 언어 발달 등에 도움이 되는 문학을 감상하는 시간이다. 영유아들이 동화를 듣는 경험은 상상력과 창의력의 성장을 촉진시키며 즐거움과 기쁨을 느끼게 한다.

② 방법

- 진행순서 : 도입 → 전개 → 마무리
  - 동화내용과 관련된 손유희를 하거나 퍼펫을 이용해 동화 주인공에 대한 소개

를 한다.
- 동화의 제목을 소개한 후 동화내용을 천천히 들려준다.
- 동화가 끝난 후에는 동화내용과 느낌에 대해 유아들과 간단히 이야기를 나눈다.
- 유아들의 반응에 따라 구연없이 그림자료 또는 입체 그림자료를 처음부터 보여준다.

• 진행시 유의사항
- 유아들이 동화를 잘 듣고 볼 수 있도록 동화매체의 높이와 위치 및 거리를 고려해야 한다.
- 교사는 구연을 하기 전에 동화의 내용을 완전히 파악하고 있어야 한다.
- 구연시 내용 및 주인공에 따라 속도, 빠르기, 높이, 강세 등을 조절해야 한다.
- 동화는 매력적이고 아름다움을 느낄 수 있어야 하며, 문체가 간결하여 유아의 언어적, 인지적 발달수준에 적합해야 한다.

5 새노래 배우기

① 내용

새노래 배우기 시간은 주제와 관련된 새로운 노래를 부르는 시간으로 유아들이 즐거움을 느끼며 정서적 안정감을 갖는 시간이다. 노래부르기는 전이활동, 주의집중, 낮잠 시간 등에서도 다양하게 활용되며, 집단활동으로서 새노래 배우기 시간은 진행순서와 매체의 활용을 필요로 한다. 진행은 동시를 진행하는 순서와 비슷하다.

② 방법

• 진행순서: 도입 → 전개 → 마무리
- 손가락 인형이나 새노래에 나오는 색깔이나 소리 등으로 동기를 유발시킨다.
- 교사가 먼저 노래를 들려준다. 또는 녹음된 노래를 들려준다.
- 노랫말에 어떤 내용이 있는지를 유아들과 짧게 이야기 나눈 후, 노랫말이

적힌 자료를 보여 준다.
- 유아들이 반주에 맞춰서 '오오오'나 '라라라'로 따라 불러 보게 한다.
- 교사와 유아, 유아-유아가 순서와 노랫말을 바꿔 가며 노래를 부른다.

• 진행시 유의사항
- 노랫말은 유아의 생활경험과 관련된 것을 선택하며 유아에게 편안한 음악의 노래를 선정해야 한다.
- 멜로디와 노랫말은 반복적인 것이 좋으며 빠르기와 고저, 왈츠형, 행진곡 등 다양한 느낌의 노래를 선정해야 한다.
- 빠른 시간에 가사를 완전히 외우게 강요해서는 안 되며 동일한 방법으로 4~5회 이상 반복하지 않도록 한다.
- 노래 가사는 그림과 문자를 함께 제시하여 내용을 이해하는 어려움이 없어야 한다.
- 교사는 노랫말을 완전히 외우고 부를 수 있어야 한다.

6 게임

① 내용

게임시간은 유아의 흥미를 자극하여 자발적인 활동으로 이끌어 사회적 상호작용의 과정을 학습하며, 인지적 · 사회적 · 언어적 기술 등을 배우게 되는 시간이다. 주로 편게임으로 진행하며 원게임, 자유대형 게임 등의 경험을 제공한다.

② 방법

• 진행순서: 도입 → 전개 → 마무리
- 유아들이 모두 잘 알고 있는 노래를 부르고, 게임할 대형을 만든다.
- 게임의 방법을 순서도나 시범을 통해 설명한다.
- 팀을 나누고 유아들이 직접 팀이름을 정하도록 한다.
- 게임이 끝난 후 평가를 한다.

- 게임 결과에 대해 인정하도록 하며, 서로에게 박수를 보내도록 한다.

• 진행시 유의사항
- 유아의 신체 · 사회 · 인지 · 언어 발달 등의 발달단계에 적절한 게임을 선택해야 한다.
- 유아의 흥미와 안전 등을 고려하여 게임을 선택해야 한다.
- 유아들 모두가 참여하도록 해야 한다.
- 게임에 필요한 매체는 인원수를 고려하여 충분히 준비하며, 승부판이나 반환점 또한 게임을 시작하기 전에 준비해야 한다.
- 게임을 할 때는 경쟁보다는 서로 도우며 규칙을 잘 지키는 것이 중요한 것임을 알도록 해야 한다.

7 요리

① 내용

요리 시간은 유아들이 주도적인 탐구과정을 파악하고 이해해 가는 흥미 있는 과학활동 시간이다. 재료에 대한 관찰, 측정, 실험하는 등의 다양한 과학적 개념과 수개념을 이해하며 요리과정을 통해 긍정적인 사회적 관계형성의 기회를 제공한다.

② 방법

• 진행순서: 도입 → 전개 → 마무리
- 요리할 내용과 관련된 동시 또는 노래를 부르며 주의집중을 시킨다.
- 요리할 음식에 대한 사전경험을 간단히 이야기한다.
- 순서도나 재료 모형 또는 실물을 통해 요리의 과정을 설명한다.
- 요리시간에 지켜야 할 규칙을 교사와 유아가 함께 정한다.
- 요리가 끝나면 요리했던 책상을 정리하고 조별로 모여 앉는다.
- 요리활동을 하면서 느낀 점과 다음에 해 보고 싶은 요리에 대해 서로 이야기 나눈다.

- 바로 시식이 될 수 있는 음식을 간식 또는 점심 반찬으로 먹는다.

• 진행시 유의사항
  - 재료를 탐색하는 시간을 갖도록 한다.
  - 앞치마, 머리수건을 준비하고 손을 깨끗이 씻는 등 청결에 유의한다.
  - 요리의 순서에 따라 진행할 것을 약속한다.
  - 칼이나 전기를 사용할 경우 안전에 대한 주의를 주어야 한다.

영아반의 경우에 규칙적으로 이루어지는 집단활동이 있다면 '점심 및 간식시간'으로 기본생활습관 형성과 식습관 지도가 이루어진다. 표준보육과정에 기초한 어린이집 프로그램(보건복지부, 2012, p. 178)에서는 진행사항은 다음과 같이 소개하고 있다.

> 점심 및 간식시간에 "음식(간식)을 다 먹을 때까지 자리에 앉아서 먹어 보자. 선생님처럼 이렇게 앉아서 해볼까?"라고 영아에게 밝은 표정으로 말하고 주간 일과에서 지속적으로 실천한다. 또한 새로운 음식을 영아의 개별적인 상황에 맞추어 함께 살펴보거나 조금씩 맛보기 등을 통하여 영아가 새로운 음식에 대한 관심을 자연스럽게 가지고 맛볼 수 있도록 주간 일과에서 지속적으로 실천한다.

생각해 보기

영아반의 일과 운영에서 점심 및 간식시간 외에 가능한 소집단 활동의 예를 찾아보세요.

3. 교수활동의 평가

교수활동의 평가는 영유아보육·교육기관의 일과운영 중에 일부에 해당되므로 우선 일과운영의 평가를 살펴보고 교수활동의 평가를 살펴보면 전반적으로 안정된 일과를 운영할 수 있을 것이다.

1) 일과운영의 평가

영유아 보육 · 교육기관에서의 일과 운영은 무엇보다도 '일상적인 양육과 자유놀이활동, 정적활동과 동적활동, 활동과 전이시간 등이 일과 내에 균형 있게 계획되어 있는가' 하는 것이 중요하다. 따라서 일과운영 평가에서는 일차적으로 이러한 내용을 평가해서 기록해야 하며, 각 시간대별 활동에 대한 영유아들의 반응, 교사의 활동준비 및 진행과정 등이 평가되어야 한다. 이와 같이 일과운영은 전반적인 평가와 대 · 소집단활동에 대한 평가로 구분될 수 있다.

일과운영에서 집단활동 못지않게 중요한 것은 등원과 귀가지도이다. 영유아를 반갑게 맞이해 주고, 영유아가 즐거운 마음으로 귀가할 수 있도록 하는 것이 중요하다. 이를 위해서 교사는 안정감이 느껴질 수 있는 진행이 필요하다. 즉 등원과 하원시간에는 건강상태, 기저귀 갈기 또는 화장실 다녀오기, 개인 물품 챙기기, 개인수첩(부모전달장) 등을 확인함으로써 당일 귀가 또는 다음 날의 등원을 즐겁게 할 수 있을 것이다. 또한 등원과 하원시간에는 가벼운 신체적 접촉을 통한 반가운 인사를 나누는 것이 꼭 필요하다.

하루 일과가 끝난 후에는 실시된 활동에 대해서 기록을 하며, 계획하지는 않았으나 영유아의 관심과 상황에 따라 진행되었던 활동을 기록하고 진행된 활동을 전체적으로 평가하여 기록한다. 이러한 평가는 다음 날의 활동을 계획하는데 참고자료로 활용된다. 일과운영을 평가할 때 참고할 수 있는 기준을 제시하면 다음과 같다.

표 9-4 일과운영의 평가

내 용	예, 아니오	교사의 해석
1. 활동의 유형과 공간에 균형이 유지되었는가? 날씨, 공간, 기간, 집단 내 구성원의 성숙도를 고려하여 활동이 계획되었는가?		
2. 교사의 지시적인 활동보다 유아 스스로 선택한 활동에 더 많은 시간을 제공했는가?		
3. 대집단, 소집단, 개별활동의 균형이 유지되었는가?		
4. 개별 유아의 흥미와 성장 유형에 따라 새로운 자료, 활동, 상황이 제공되었는가?		
5. 매일의 일과, 활동, 학습이 유아에게 안정감을 주도록 친숙한 것이었는가?		
6. 유아가 창의적으로 생각해 보고, 탐색해 보고, 실험해 볼 수 있는 충분한 자유를 가졌는가? 만일 가졌다면 유아는 무슨 일을 하면서 이 시간을 사용했는가?		
7. 활동과 경험이 목적 중심적이었으며, 태도, 느낌, 기능, 정보 등이 만족스럽게 개발되도록 계획되었는가?		
8. 긴장이나 좌절을 겪는 유아가 없도록 일과시간이 잘 짜여졌는가? 활동 중 벌을 받은 유아는 없었는가?		
9. 특수한 요구가 있는 유아를 고려했는가?		
10. 활동을 계획할 때, 관찰과 평가에서 얻은 정보가 반영되었는가?		
11. 학부모와의 상호작용은 잘 이루어졌는가?		
12. 모든 유아가 매일 성공과 도전을 경험했는가?		

출처 : Leeper et al., 1984; 권영례, 2006, 재인용.

2) 교수활동의 평가

(1) 집단활동의 평가

대 · 소집단활동은 도입, 전개, 마무리의 순서로 계획하며, 이에 대한 평가는 동기유발, 내용, 교수방법으로 구분하여 점검해 볼 수 있다. 이러한 점검은 교육계획안의 평가란에 기재함으로써 추후활동 계획에 반영되도록 하는 것이 바람직하다.

표 9-5 집단활동에 대한 교수활동 평가

구분	내 용
동기유발	이전의 학습과 관계가 있었는가?
	영유아의 흥미를 유발하였는가?
내용	주제 및 활동목표에 적합하였는가?
활동진행	자연스럽고 적절하였는가?
	진행시간이 적절하였는가?
	마무리가 효과적이었는가?
	평가가 잘 이루어졌는가?

(2) 활동유형별 평가

교사는 활동을 진행한 후에 자신의 교수활동 및 발문을 평가함으로써 다음에 진행될 활동의 적절한 교수방법을 모색할 수 있다. 교사가 참고할 수 있는 교수활동별 평가표를 제시하면 다음과 같다.

표 9-6 이야기나누기 활동평가표

범주	내 용	그렇다	아니다
이야기 선정	주제와 연관되는가?		
	유아들의 경험과 연계되는가?		
	유아의 발달에 적합한가?		
대형	유아들이 앉은 대형이 이야기나누기에 적절한가? (예 : 반은 바닥, 반은 의자)		
	유아들은 자신이 원하는 자리에 자율적으로 앉게 하는가?		
	유아들의 주의 집중을 위해 주변의 교구는 정리되어 있는가?		
매체	그림, 사진, 실물 등의 자료를 사용하는가?		
지도과정	수수께끼, 동화, 자료 설명, 경험 회상 등 다양한 도입방법을 사용하는가?		
	유아들의 다양한 반응을 유도하기 위해 적절한 질문을 하는가?		
	유아들의 질문에 대답을 해 주는가? (예 : 종합/ 확장/ 정보제공/ 수정 등)		
	유아들의 부적절한 반응이나 행동을 긍정적인 방법으로 조정하는가?		
	유아들의 적절한 반응에 대하여 격려 혹은 칭찬을 하는가?		
	유아들을(과반수 이상) 이야기나누기에 적극 참여시키는가?		
소요시간	10분 미만으로 실시하는가(3세 유아)?		
	20분 미만으로 실시하는가(4, 5세 유아)?		
마무리	이야기나누기를 종합하는가?		
	이야기나누기 시간의 마무리를 알려 주는가?		

출처 : 교육인적자원부(2001).

표 9-7 동화 활동평가표

범주	내용	그렇다	아니다
동화선정	생활 주제와 연계되는가?		
	주제가 교육적인가?		
	내용과 주제가 흥미있는가?		
	동화의 내용과 그림이 문학적으로 가치 있는 것인가?		
대형	유아들이 앉은 대형이 이야기나누기에 적절한가? (예 : 반은 바닥, 반은 의자)		
	유아들은 자신이 원하는 자리에 자율적으로 앉게 하는가?		
	유아들의 주의 집중을 위해 주변의 교구는 정리되어 있는가?		
매체	전달 매체가 적절한가?		
동화구연	동화의 내용을 완전히 이해했는가?		
	시선은 적절한가?		
	발음은 정확한가?		
	속도는 적절한가?		
	등장인물의 성격에 따른 성대 모사가 적절한가?		
지도과정	동기유발을 하는가?		
	동화의 제목을 들려주는가?		
	동화의 제목을 들려주고 내용을 추측하게 하는가?		
	동화를 들려주는가?		
	동화의 내용을 회상하게 하는가?		
마무리	동화 시간의 마무리를 알려 주는가?		

출처 : 교육인적자원부(2001).

표 9-8 동시 활동평가표

범주	내용	그렇다	아니다
동시선정	생활 주제와 연계되는가?		
	유아의 발달에 적절한가? (예 : 움직임에 대한 묘사나 독특한 운율이 있음)		
매체	다양한 매체(예 : 그림, 손인형, 실물, 사진 등)를 사용하는가?		
	배경 음악을 사용하는가?		
사전활동	사전활동(관찰, 야외학습 등)을 실시하는가?		
지도과정	도입을 하는가?		
	교사 혼자 낭송해 주는가?		
	유아들이 느낌을 말해 보는가?		
	지은이/제목을 이야기해 주는가?		
	교사와 유아가 나누어 낭송하는가?		
	유아끼리 또는 혼자 낭송하게 하는가?		
	교사와 유아가 함께 낭송하는가?		
	제목을 지어 보는가?		
마무리	동시 시간의 마무리를 알려 주는가?		
사후활동	사후활동(그림, 동작으로 표현한기 등)을 실시하는가?		

출처 : 교육인적자원부(2001).

표 9-9 율동 활동평가표

범주	내용	그렇다	아니다
율동선정	생활 주제와 연계되는가?		
	유아들의 신체 발달에 적절한가?		
환경	율동을 할 수 있는 충분한 공간이 확보되어 있는가?		
	유아들의 안전이 고려되는 공간인가?		
매체	율동의 진행 순서를 설명하기 위해서 매체(그림, 사진 등)를 사용하는가?		
사전활동	새로 배우려는 율동과 관련된 사전 활동이 있는가?		
지도과정	도입을 하는가?		
	음악 듣기/감상/느낌을 언어로 표현하는가?		
	음악에 동작을 알려 주는 노랫말이 있을 경우 노래 배우기를 하는가?		
	앉아서 따라 할 수 있는 부분이 있을 경우 앉아서 동작을 해 보는가?		
	유아 혹은 교사가 시범을 보이는가?		
	반 집단으로 나누어 동작해 보는가?		
	전체 집단이 함께 동작해 보는가?		
	방향, 속도, 앞 유아와의 거리 등에 주의를 두어 유아의 안전을 고려하는가?		
	율동에 참여하고 싶어하지 않는 유아들을 배려하는가?		
마무리	율동 시간에 대한 평가를 하는가?		
	율동 시간의 마무리를 알려 주는가?		

출처 : 교육인적자원부(2001).

표 9-10 게임 활동평가표

범주	내용	그렇다	아니다
게임선정	생활 주제와 연계되는가?		
	유아의 발달에 적합한가?		
	교육적 가치가 있는가?		
환경	게임을 할 수 있는 공간이 충분한가?		
	게임을 진행하기에 안전한 공간인가?		
매체	게임에 적합한 도구가 준비되어 있는가?		
지도과정	게임 대형으로 앉는가?		
	편게임일 경우 인원수를 확인하는가?		
	게임 방법을 소개하는가?		
	시범을 보여 주는가?		
	속도, 규칙, 수준, 안전 태도를 모두 고려하여 결과를 제시하는가?		
	전체 집단이 함께 동작해 보는가?		
	유아들의 흥미에 따라서 게임을 반복하거나 중단하는가?		
마무리	유아들과 함께 게임에 대하여 평가하는가?		
	게임 후 정리시간(사용된 도구 치우기)을 갖는가?		

출처 : 교육인적자원부(2001).

표 9-11 요리 활동평가표

범주	내용	그렇다	아니다
요리활동 선정	생활 주제와 연계되는가?		
	유아의 발달에 적절한가?		
	교육적 가치가 있는가?		
	유아의 영양과 건강을 고려하는가?		
환경 및 도구	공간이 충분한가?		
	물이 가까운 곳에 있는가?		
	전기가 가까운 곳에 있는가?		
	안전을 고려하는가?		
	도구가 유아의 수준에 적절한가?		
요리 순서도	요리순서도가 있는가?		
	필요한 양이 정확하게 기재되어 있는가?		
	요리 과정이 구체적으로 명시되어 있는가?		
집단의 크기	개별 또는 소집단으로 실시하는가?		
지도과정	사전활동(이야기, 동화 등)을 제공하는가?		
	손을 씻도록 지도하는가?		
	앞치마를 입도록 지도하는가?		
	준비된 재료를 살펴보는 시간을 주는가?		
	요리의 순서를 익히는 시간을 주는가?		
	유아가 주도적으로 요리를 하도록 허용하는가?		
	요리한 것을 그릇에 담도록 지도하는가?		
	정리할 시간을 주는가?		
	앞치마를 벗고 손을 씻도록 지도하는가?		
	요리한 음식을 먹어 볼 기회를 제공하는가?		
	요리활동에 대한 평가를 하는가?		
마무리	요리활동 시간의 마무리를 알려 주는가?		

출처 : 교육인적자원부(2001).

표 9-12 노래 활동평가표

범주	내용	그렇다	아니다
노래선정	생활 주제와 연계되는가?		
	유아들의 경험과 연계되는가?		
	노래의 음역이 유아에게 적절한가?		
	노래의 길이가 유아에게 적절한가?		
	노래의 가사와 리듬이 반복적인가?		
대형	유아들이 앉은 대형이 노래를 부르기에 적절한가? (예 : 반은 바닥, 반은 의자)		
	유아들은 자신이 원하는 자리에 자율적으로 앉는가?		
	유아들의 주의 집중을 위해 주변의 교구나 물건이 정리되어 있는가?		
매체	그림, 손인형, 융판자료 등의 다양한 자료를 사용하는가?		
지도과정	도입(노랫말을 소개)이 있는가?		
	교사가 정확한 음으로 노래를 불러 주는가?		
	반주 없이 멜로디만 불러 주는가?		
	'라라라' 등으로 멜로디만 다함께 부르는가?		
	교사와 유아가 노래의 일부분씩 나누어 부르는가?		
	노래 전체를 다함께 부르는가?		
	확장(가사 바꾸어 부르기)해서 부르는가?		
마무리	노래 시간에 대한 평가를 하는가?		
	노래 시간의 마무리를 알려 주는가?		

출처 : 교육인적자원부(2001).

Chapter 10

자유선택활동

영유아 교육기관에서 행해지는 자유선택활동을 계획하고 평가하는데 도움을 주고자 흥미영역별 활동 예시를 제시하였다. 활동 예시에 따라 활동방법의 실제를 익히고 각 내용을 토대로 활동계획안을 새롭게 작성하는 연습을 하여 창의적이고 효과적인 교수활동으로 경험할 수 있다.

활동예시

- 역할놀이 – 빵가게 놀이
- 쌓기놀이 – ○○미술관을 다녀와서
- 수 · 조작놀이 – 낚시놀이
- 과학놀이 – 감자의 여러 가지 모습
- 언어놀이 – '노란우산' 이야기 꾸미기
- 음률놀이 – 바닷속 연주회
- 조형놀이 – 봄에 찾아온 친구
- 물놀이 – 벽화그리기
- 모래놀이 – 모래로 표현하기

1. 실내놀이

1) 역할놀이

<table>
<tr><td>활동명</td><td>빵가게 놀이</td><td>대상연령</td><td>만 3세</td></tr>
<tr><td colspan="2" rowspan="2">우리 동네</td><td>활동 형태</td><td>유형</td></tr>
<tr><td>자유선택활동</td><td>역할영역</td></tr>
<tr><td colspan="2">목표</td><td colspan="2">누리과정 관련요소</td></tr>
<tr><td colspan="2">- 제빵사가 하는 일에 관심을 갖는다.
- 빵가게의 역할을 안다.
- 친구와 협력하며 놀이를 즐긴다.</td><td colspan="2">사회관계 : 사회에 관심 갖기 - 지역사회에 관심 갖고 이해하기
예술경험 : 예술적 표현하기 - 극놀이로 표현하기</td></tr>
<tr><td colspan="4">(창의 · 인성 관련)
창의성 : 인지적 요소 - 사고의 확장
인성 : 협력 - 집단협력
존중 - 다른 사람들과 다른 문화에 대한 존중</td></tr>
<tr><td colspan="4">가. 활동자료
오븐, 밀가루 반죽, 밀대, 반죽그릇, 쿠키 틀, 요리사 의상, 쟁반
</td></tr>
</table>

나. 활동방법

1) 빵가게와 관련된 경험에 대해 이야기 나눈다.
   - 빵가게에 가본 경험이 있니?
   - 빵가게는 어떤 곳 일까?
   - 빵가게에서 무엇을 했니?

2) 빵가게를 어떻게 구성하면 좋을지 이야기를 나눈다.
   - 빵가게를 어떻게 만들고 싶니?
   - 빵가게를 어디에 만들면 좋을까?
   - 빵가게에서 필요한 것은 무엇일까?
   - 빵가게에서 필요한 물품은 어떻게 준비하면 좋을까?
   - 빵가게에서는 무엇을 판매하고 싶니?
   - 빵가게 이름은 무엇으로 하면 좋을까?
   - 빵가게 간판은 어떻게 만들면 좋을까?
   - 빵과 과자를 만들 때 어떤 도구를 사용할까?

3) 유아들과 함께 의논한 방법대로 빵가게를 꾸미도록 한다.

4) 빵가게 놀이에 대해 이야기를 나눈다.
   - 빵가게 놀이에는 어떤 역할이 필요할까?
   - 역할은 어떻게 정하면 좋을까?

5) 유아들과 함께 만든 빵가게에서 빵과 과자를 만들고, 즐겁게 놀이를 하도록 한다.

6) 소품을 제자리에 바르게 정리하도록 한다.

7) 활동 정리 후, 느낌에 대해 이야기 나눈다.
   - 빵가게 놀이는 재미있었니?
   - 어떤 점이 아쉬웠니?

- 어려웠던 점은 무엇이었니?
- 어떤 역할이 더 필요한 것 같니?
- 놀이에 더 필요한 것이 있었니?

다. 활동의 유의점

1) 선호하는 역할에 아이들이 몰리지 않고 다양한 역할을 경험하도록 지도한다.
2) 다양한 소품을 안전하게 사용할 수 있도록 지도한다.
3) 간판을 만들 때에는 교사가 도와주도록 한다.
4) 놀이시간을 충분히 주어 다양하게 만들어 볼 수 있도록 한다.
5) 더 필요한 소품은 만들 수 있도록 하거나, 이야기 후 더 제시하여 주도록 한다.

라. 활동평가

1) 빵가게의 특징을 살려 놀이하는지 평가한다.
2) 친구와 협력하여 놀이를 즐기는지 평가한다.

마. 확장활동

1) 쌓기영역을 확장하여 활동을 할 수 있다.
2) 제과 제빵을 만들기 위해 필요한 재료를 알아보고 요리활동으로 제과제빵을 만들어 볼 수 있다.
3) 빵가게로 견학을 갈 수 있다.

2) 쌓기놀이

<table>
<tr><td>활동명</td><td>○○미술관을 다녀와서
(미술관 연계활동)</td><td>대상연령</td><td>만 5세</td></tr>
<tr><td colspan="2" rowspan="2">미술관</td><td>활동 형태</td><td>유형</td></tr>
<tr><td>자유선택활동</td><td>쌓기영역</td></tr>
<tr><td colspan="2">목표</td><td colspan="2">누리과정 관련요소</td></tr>
<tr><td colspan="2">- 미술관의 특징을 안다.
- 미술작품 관람 시 지켜야 할 규칙을 안다.
- 현장학습 다녀온 미술관을 창의적으로 구성한다.</td><td colspan="2">예술경험 : - 다양한 예술감상하기
- 미술적요소 탐색하기
자연탐구 : - 공간과 도형의 기초개념 알아보기
- 기초적인 자료수집과 결과 나타내기</td></tr>
<tr><td colspan="4">(창의 · 인성 관련)
창의성 : 인지적 요소 - 호기심 · 흥미
인성 : 협력 - 집단협력</td></tr>
<tr><td colspan="4">가. 활동자료
컴퓨터, 작품 사진, 다양한 블록</td></tr>
<tr><td colspan="4">나. 활동방법
1) 아이들과 다음 날 갈 현장학습에 대해 이야기를 한다.
- 내일은 우리가 현장학습을 가는 날인데, 어디로 갈까?
- 우리가 내일 갈 곳은 "○○미술관"이라는 곳인데, 미술관에 가면 우리가 어떤 활동을 하게 될까?

2) 미술관 홈페이지를 보며 이야기를 한다.
- 여기는 "○○미술관" 홈페이지란다. 우리가 어떤 전시를 관람할지 한번 볼까?
- 우리가 내일 관람하게 될 전시는 "○○○의 삶이야기"라는 전시란다.
- 전시 포스터 속에서 무엇이 보이니?</td></tr>
</table>

3) 현장학습 시 지켜야 할 규칙에 대해 이야기를 한다.
   - 우리는 내일 미술관으로 현장학습을 가는데, 미술관에서 지켜야 할 약속에는 어떤 것이 있을까?

4) 다음 날 유아들과 현장학습을 다녀온다.

5) 현장학습을 다녀와서 아이들과 다녀온 내용을 회상한다.
   - 우리가 어디로 현장학습을 다녀왔니?
   - 미술관은 뭐하는 곳이니?
   - 어떤 작품을 감상했니?
   - 기억에 남는 작품이 있었니?

6) 유아들과 작품사진을 보며 미술관 구조에 대해 이야기를 한다.
   - 이 작품은 어떤 작품이었지?
   - 이 작품이 어느 곳에 전시되었는지 기억나니?
   - 작품들을 보면서 우리가 어떻게 걸어 갔니?
   - 방은 몇 개였지?
   - 작품들이 어떤 모양으로 전시되었니?

7) 쌓기영역에서 유아들과 함께 미술관을 만든다.

다. 활동의 유의점

1) 유아들이 관람한 작품의 사진을 게시해 주어 미술관 꾸미는 것을 도와 준다.
2) 활동 시 아이들에게 음악을 틀어주고 창의적인 작품이 나올 수 있도록 한다.

라. 활동 평가

1) 미술관의 특징을 알고 유아들이 창의적으로 표현을 했는지 평가한다.
   - 다양한 블록을 이용하여 미술관을 구성했는가?
   - 미술관 구조를 이해하고 구성을 했는가?

마. 확장활동

1) 작품의 사진을 보고 신체활동과 연계하여 활동을 한다.
2) 조형영역에 다양한 재료를 제공해 주고 유아들이 표현한다.
3) 작품 사진을 보고 작품의 제목짓기 활동을 한다.

3) 수 · 조작놀이

활동명	낚시놀이	대상연령	만 4세
여름		활동 형태	유형
		자유선택 활동	수 · 조작
목표		누리과정 관련요소	
- 여름철 낚시놀이에 관심을 가진다. - 규칙을 지키며 즐겁게 낚시놀이를 한다. - 수세기에 대해 이해한다.		신체운동 · 건강 : 신체활동에 참여하기 - 자발적으로 신체활동에 참여하기 자연탐구 : 수학적 탐구하기 - 기초적인 측정하기 과학적 탐구하기 - 간단한 도구와 기계 활용하기	

(창의 · 인성 관련)
창의성 : 인지적 요소 - 문제해결력
인성 : 질서 - 기초질서

가. 활동자료

낚시터, 낚시도구, 물고기 담는 바구니, 모래시계, 그래프, 숫자, 유아사진, 동전

나. 활동방법

1) 낚시터 사진을 보여주며 함께 이야기를 나눈다.
   - 이곳은 어디일까?
   - 이곳은 무엇을 하는 곳일까?
   - 낚시터에 가본 적이 있니?
   - 낚시터에 누구와 함께 가 보았니?
   - 낚시터에서 고기를 잡아 본 적이 있니?
   - 얼마나 많은 고기를 잡아 보았니?

2) 교구를 보면서 이야기를 나누고 탐색한다.
   - 어떤 도구들이 있니?
   - 낚시는 어떻게 하는 것일까?

- 낚시는 몇 명까지 할 수 있을까?
- 낚시로 잡은 물고기는 어디에 담으면 좋을까?
- 낚시는 얼마 동안 하는 것이 좋을까?
- 모래시계는 어떻게 사용할까?
- 숫자는 어디에 붙이면 좋을까?
- 그래프에 말은 어떻게 넣는 것일까?
- 그래프는 어떻게 보는 것일까

<게임방법>

① 자유선택활동영역 수 · 조작에 이름을 붙인다.
② 낚시도구와 바구니를 챙긴다.
③ 그래프판에 자기 사진을 붙인다.
④ 다른 유아들과 함께 모래시계를 돌리고 낚시를 시작한다.
⑤ 모래가 다 떨어지면 낚시를 멈추고 잡은 고기의 수를 세어 본다.
⑥ 고기를 잡은 수에 알맞게 숫자를 붙이고 그래프를 완성한다.

3) 게임 활동을 소개하고 시범을 보여 준다.

4) 게임 활동을 한다.

5) 게임활동 후 느낌에 대해 이야기 나눈다.
- 활동을 해 보니 어떠니?
- 활동을 할때 힘든 점은 없었니?
- 고기는 몇 마리씩 잡았니?
- 누가 가장 많은 고기를 잡았니?
- 00가 잡은 물고기는 **가 잡은 물고기 보다 몇 마리 더 많니?
- 00와 **의 물고기 수가 같으려면 몇 마리를 더 잡아야 할까?
- 저울에 올려 놓았을 때 어느 쪽 저울이 내려갈까?

다. 활동의 유의점

1) 선택활동이므로 자유롭게 활동을 하도록 한다.
2) 모래시계를 준비한다.
3) 수를 세지 못하는 유아들을 위해서 숫자카드를 준비한다.
4) 수를 잘 세지 못하면 저울을 이용해서 무게를 알아보는 활동도 함께 준비한다.

라. 활동 평가

1) 수세기 활동에 대해서 이해하고 있는지 평가한다.
   - 물고기의 수를 바르게 셀 수 있는가?
   - 그래프를 나타내기 위해 고기의 수와 그래프에 넣을 동전을 같게 하는가?
   - 그래프를 통해 다른 유아들과 비교의 개념을 알 수 있는가?
2) 규칙을 지키며 즐겁게 게임에 참여하는지 평가한다.
   - 규칙을 지키며 게임을 하는가?
   - 고기를 손을 이용해서 잡지 않도록 한다.
   - 즐겁게 자발적으로 게임에 참여하는가?

마. 확장활동

1) 낚시터를 쌓기 블록으로 크게 꾸미면 쌓기 활동으로 활용할 수 있다.
2) 커다란 어항을 칠판에 붙이고 대 · 소집단 활동으로 게임활동을 할 수 있다.
3) 말대신 블록을 쌓아 그래프를 나타낼 수도 있다.
4) 낚시한 고기의 양으로 수세기, 높낮이, 무게측정도 함께 할 수 있다.

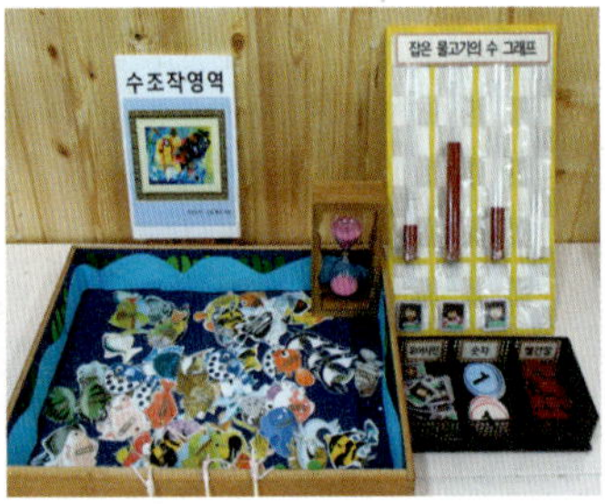

4) 과학놀이

<table>
<tr><td>활동명</td><td>감자의 여러 가지 모습</td><td>대상연령</td><td>만 4세</td></tr>
<tr><td colspan="2" rowspan="2">여름</td><td>활동 형태</td><td>유형</td></tr>
<tr><td>자유선택활동</td><td>과학영역</td></tr>
<tr><td colspan="2">목표</td><td colspan="2">누리과정 관련요소</td></tr>
<tr><td colspan="2">- 감자를 살펴보고 관심을 가진다.
- 감자의 잎, 줄기, 열매, 뿌리의 모양이 다르다는 것을 알고 특징을 안다.
- 식물을 소중히 대하는 태도를 가진다.</td><td colspan="2">자연탐구 : 과학적 탐구하기 - 생명체와 자연환경 알아보기
자연탐구 : 탐구하는 태도 기르기 - 호기심을 유지하고 확장하기
의사소통 : 말하기 - 느낌 생각 경험 말하기</td></tr>
<tr><td colspan="4">(창의 · 인성 관련)
창의성 : 인지적 요소 - 사고의 확장
인 성 : 존중 - 생명과 환경에 대한 존중</td></tr>
<tr><td colspan="4">가. 활동자료
감자화분, 절구, 감자, 감자잎, 감자줄기, 돋보기</td></tr>
<tr><td colspan="4">나. 활동방법
1) 감자화분을 관찰하여 이야기 나눈다.
- 선생님이 가지고 온 것을 살펴보자.
- 이것은 무엇일까?
- 잎은 무슨 모양이니?
- 색깔은 무슨 색이니?
- 향은 무슨 향이 나니?
- 만져보면 어떤 느낌이 드니?
- 이 식물에서 어떤 열매가 열릴 것 같으니?
- 식물은 모두 가지에서만 열매가 열릴까?
- 땅 속에서 열매가 열리는 것에는 무엇이 있을까?</td></tr>
</table>

2) 감자를 여러 가지 방법으로 탐색해 보며 이야기 나눈다.,
- 감자잎을 손으로 뜯어 보자. 어떻게 될까?
- 감자잎 뒷면에 있는 잎맥을 돋보기로 살펴보자, 어떤 모양이니?
- 이 선들은 무엇일까? 왜 있는 것일까?
- 줄기는 어떻게 생겼니?
- 줄기를 자르면 속은 무엇이 있을까?
- 감자의 뿌리는 어떻게 생겼을까?
- 뿌리에는 무엇이 있니?
- 이것은 무엇일까?
- 감자는 열매일까? 뿌리일까?
- 왜 그렇게 생각하니?

3) 감자잎의 즙을 내어 본다.
- 감자잎을 작은 절구로 찧어 보면 어떻게 될 것 같니?
- 왜 그렇게 생각하니?
  (감자잎을 절구로 찧어 본다)
- 만져 보면 어떤 느낌이 드니?
- 줄기에도 즙이 있을까?
  (줄기를 절구로 찧어 본다)
- 감자잎의 즙과 줄기의 즙은 어떻게 차이가 나니?
- 감자에도 즙이 있을까?
  (감자를 절구로 찧어 본다)
- 감자의 즙은 무슨 색이니?
- 만져 보면 어떤 느낌이 드니?
- 이 감자즙으로 우리는 무엇을 할 수 있을까?

4) 감자를 관찰한 후 느낌에 대해 이야기 나누어 본다.
   - 감자를 살펴보니 어떤 점이 좋았니?
   - 감자의 어떤 부분이 가장 마음에 드니?
   - 감자에게 해 주고 싶은 말은 무엇이니?
   - 다른 식물을 모두 함부로 밟거나 꺾어서 즙을 내어 본다면 어떻게 될까?

다. 활동의 유의점

1) 감자를 충분히 탐색할 수 있도록 시간을 충분히 준다.
2) 식물은 함부로 꺾거나 뽑거나 밟지 않아야 함을 알려 준다.
3) 절구로 즙을 낼 때 다치지 않도록 주의한다.

라. 활동 평가

1) 감자에 관심을 갖고 잎, 줄기, 뿌리를 잘 관찰하는가?
2) 감자의 각 부분의 특성을 이해하는가?
3) 감자의 즙에 관심을 갖고 탐색하는가?

마. 확장활동

1) 감자를 이용한 요리 활동을 한다.
2) 잎맥(줄기, 뿌리, 열매)을 관찰하고 그림으로 그려 본다.
3) 감자의 성장과정을 날짜별로 체크하여 길이를 측정해 본다.
4) 감자도장을 만들어 찍어 본다.

감자를 그려봐요

5) 언어놀이

활동명	'노란우산' 이야기 꾸미기	대상연령	만 5세
여름		활동 형태	유형
		자유선택 활동	언어영역
목표		누리과정 관련요소	
- 바른 자세로 동화를 감상한다. - 상상하여 나만의 동화를 짓는다.		의사소통 : - 낱말과 문장으로 말하기 - 읽기에 흥미 가지기 - 쓰기에 관심 가지기 - 쓰기도구 사용하기	

(창의 · 인성 관련)

창의성 : 동기적요소 - 호기심, 흥미

인성 : 협력 - 집단협력

가. 활동 자료

노란우산 동화책, 음악cd, 카세트, 말풍선 활동지, 동화의 한 장면 그림

나. 활동방법

1) "노란우산" 동화책의 제목과 표지를 살펴본다.
   - 제목에 뭐라고 쓰여 있니?
   - 표지는 어떠니?
2) 어떤 이야기일지 상상해 본다.
   - 어떤 이야기일까?
   - 왜 그렇게 생각을 했니?
3) 음악을 들으면서 동화책을 읽어 본다.
   - 우리 음악을 들으면서 어떤 내용일지 동화를 감상해 볼까?
4) 감상 후 유아들과 느낀 점을 이야기한다.
   - 동화를 들어보니 어떤 느낌이 들었니?
5) 우리가 읽던 동화책과 오늘 읽은 동화책의 다른 점에 대해 이야기를 한다.

- 이 동화책은 우리가 늘 읽던 동화책하고 다른 점이 있었는데, 어떤 점이 달랐니?
- 그래 이 책에는 글이 없단다. 왜 글이 없을까?

6) 글씨 없는 동화책에 대해 이야기를 한다.
- 이 동화책은 글이 없어서 너희들이 생각하는 대로 이야기가 될 수 있어. 우리 다시 한번 읽어 보면서 어떤 이야기일지 생각해 볼까?

7) 유아들과 음악을 들으면서 동화책을 다시 한번 감상 후, 이야기한다.
- 동화를 들으면서 어떤 이야기일지 생각해 보았니?
- 이 동화는 어떤 이야기 일까?
- 내가 만약 이 동화의 작가라면 이 동화책의 제목을 "노란우산" 말고 어떤 제목으로 지어볼 수 있을까?
- 이 동화책에 우산말고 다른 것을 등장 시킨다면 어떤 것을 등장 시키고 싶니?

8) 말풍선 종이와 동화의 한 장면을 언어영역에 놓아주면, 선택활동 시간에 자유롭게 이야기를 만들어 볼 수 있도록 이야기를 한다.
- 선생님이 언어영역에 이 동화의 한 장면의 그림을 게시해 줄께. 그러면 너희들이 이 동화의 작가가 되어서 어떤 이야기가 될지 말풍선 종이에 적어서 붙여주는 활동을 해 보는 거야. 다음 시간부터 자유롭게 한 번 해 보도록 하자.

다. 활동의 유의점

1) 동화 중 에서 가장 기억에 남는 장면을 게시를 해 준다.
2) 유아들이 다양한 생각이 나올 수 있도록 격려를 해 준다.
3) 활동을 어려워하는 아이들에게는 꼭 하지 않아도 된다는 이야기를 해 준다.

라. 활동평가

1) 동화에 관심을 가지고, 다양한 시각으로 감상하고 표현을 했는지 평가한다.
- 동화의 내용을 이해했는가?
- 창의적인 생각의 표현이 나왔는가?
- 자신의 생각을 글로 적절히 표현을 했는가?

마. 확장활동

1) 유아들과 북아트를 이용하여 나만의 동화책을 만들어 본다.

2) 활동이 익숙해지면 만화 만들기 활동을 해 본다.
3) 글씨가 있는 동화를 이용하여 이야기 꾸미기 활동을 해 본다.

6) 음률놀이

<table>
<tr><td>활동명</td><td>바닷속 연주회</td><td>대상연령</td><td>만 3세</td></tr>
<tr><td colspan="2" rowspan="2">여름</td><td>활동 형태</td><td>유형</td></tr>
<tr><td>자유선택활동</td><td>악기연주</td></tr>
<tr><td colspan="2">목표</td><td colspan="2">누리과정 관련요소</td></tr>
<tr><td colspan="2">- 북과 마라카스를 다양한 방법으로 연주해 보며 소리를 탐색한다.
- 바르게 악기를 사용하는 방법을 안다.</td><td colspan="2">자연탐구 : 탐구하는 태도 기르기 - 탐구 과정 즐기기
예술경험 : 예술적 표현하기 - 음악으로 표현하기</td></tr>
<tr><td colspan="4">(창의 · 인성 관련)
창의성 : 인지적 요소 - 사고의 확장, 사고의 수렴
동기적 요소 - 호기심, 흥미
인성 : 질서 - 기초 질서</td></tr>
<tr><td colspan="4">가. 활동자료
문어책, 물고기 마라카스, 바다배경, 리듬악기 채</td></tr>
<tr><td colspan="4">나. 활동방법
1) 그림자 수수께끼를 통해 주의 집중을 한다.
- 사진 속에 무엇이 보이니?
- 사진 속 검정색이 보이는 부분을 자세히 보자.
- 사진 속 검정색인 부분이 무엇일 것 같니?
- 검정색으로 변한 것들은 문어와 별가사리, 물고기구나.

2) 새로운 악기를 탐색해 본다.
- 우리반에 새로운 친구가 찾아왔어.
- (문어책, 물고기 마라카스를 보여주며) “안녕! 내가 누구게~”
- 어떤 친구가 찾아왔니?
- 문어와 물고기의 모습이 어떠니?</td></tr>
</table>

- 물고기의 모습을 자세하게 살펴보자.
- (물고기 마라카스를 보여주며) 물고기가 들어있는 통에 무엇이 보이니?
- 구슬들이 왜 들어 있을까?

3) 악기를 연주하는 방법을 찾아본다.
   - 선생님이 준비한 이 문어와 물고기는 어떤 악기일까?
   - 오늘의 악기는 문어북과 물고기 마라카스라고 해.
   - 문어북과 물고기 마라카스를 연주하고 싶은데 어떻게 연주할 수 있을까요?
   - 문어북을 두드리니 어떤 소리가 나니?
   - 문어북을 손으로 말고 어떤 걸로 두드려 볼 수 있을까?
   - 문어북을 리듬악기로 두드려 보니 어떤 소리가 나니?
   - 물고기 마라카스를 흔들어 보니 어떤 소리가 나니?

4) 악기 연주를 하기 전 주의해야 할 점에는 무엇이 있을지 이야기 나눈다.
   - 악기를 연주할 때 사용하는 리듬악기 채는 사용할 때 어떤 점을 조심해야 할까?

5) 악기를 연주해 본다.
   - 북을 손으로 두들겨 보자.
   - 북을 리듬악기 채로 두들겨 보자.
   - 마라카스를 흔들어 보자.
   - 북과 마라카스를 함께 연주해 보자.
   - '고기잡이' 노래를 불러보며 악기를 연주해 보자.

6) 악기를 연주하며 느낀 생각을 이야기 나눈다.
   - 악기를 연주해 보며 어떻게 연주할 때가 가장 재미있었니?
   - 악기를 연주해 보니 어떤 기분이 드니?

다. 활동의 유의점

1) 악기를 바르게 사용하는 방법을 여러번 이야기한다.
2) 차례를 지켜 악기를 연주할 수 있도록 약속을 정한다.

라. 활동평가

1) 한 가지 방법이 아닌 다양한 방법을 이용해 악기를 연주하였는지 평가한다.
   - 스스로 악기를 연주해 보았는가?
   - 한 가지 방법이 아닌 여러 가지 방법을 사용하여 연주해 보았는가?
2) 리듬악기 채를 바르게 사용하였는지 평가한다.
   - 리듬악기 채를 바르게 잡았는가?
   - 리듬악기 채로 악기만 연주하였는가?

마. 확장활동

1) 재활용품을 이용해 바닷속 꾸미기 활동을 해 본다.
2) 불투명한 마라카스 악기의 소리를 들어보고 무엇이 들어 있는지 알아맞춰 보기를 해 본다.

7) 조형놀이

<table>
<tr><td>활동명</td><td>봄에 찾아온 친구</td><td>대상연령</td><td>만 3세</td></tr>
<tr><td colspan="2" rowspan="2">봄</td><td>활동 형태</td><td>유형</td></tr>
<tr><td>자유선택활동</td><td>조형영역</td></tr>
<tr><td colspan="2">목표</td><td colspan="2">누리과정 관련요소</td></tr>
<tr><td colspan="2">- 봄에 볼 수 있는 것을 안다.
- 다양한 자연물에 관심을 갖는다.
- 자연물을 이용하여 봄에 볼 수 있는 것을 만든다.</td><td colspan="2">자연탐구 : 과학적 탐구하기 - 생명체와 자연환경 알아보기
예술경험 : 아름다움 찾아보기 - 미술적 요소 탐색하기
예술경험 : 예술적 표현하기- 미술활동으로 표현하기</td></tr>
<tr><td colspan="4">(창의 · 인성 관련)
창의성 : 동기적요소 - 흥미
인성 : 존중</td></tr>
<tr><td colspan="4">가. 활동자료
다양한 자연물, 라이트 테이블, 카메라</td></tr>
<tr><td colspan="4">나. 활동방법
1) 실외에서 다양한 자연물을 수집한다.
2) 야외에서 수집해 온 나뭇가지 등의 자연물을 탐색해 본다.
- 무엇이 있을까?
- 어떻게 생겼니?
- 어떤 냄새가 날까?
- 느낌은 어떠니?
3) 봄에 보았던 것에 대해 사전경험 이야기를 나눈다.
- 유치원 주변에서 무엇을 보았니?
- 유치원 주변에서 보았던 꽃은 무엇이 있었니?
- 유치원 주변에서 보았던 곤충은 무엇이 있었니?</td></tr>
</table>

- 봄에 볼 수 있는 꽃은 무엇이 있니?
- 봄에 볼 수 있는 곤충은 무엇이 있니?

4) 수집한 자연물을 보며 활동을 소개한다.
   - 우리가 수집한 자연물로 봄에 볼 수 있는 것 무엇을 만들면 좋을까?
   - 어떻게 만들어 볼 수 있겠니?
   - 또 다른 방법은 무엇이 있을까?
5) 라이트 테이블을 활용하여 활동을 해 보도록 한다.
   - 라이트 테이블 사용할 때에는 어떤 약속이 필요할까?
6) 활동 후 소품을 제자리에 바르게 정리하도록 한다.
7) 활동 정리 후, 느낌에 대해 이야기 나눈다.
   - 자연물로 이용한 만들기는 재미있었니?
   - 어떤 점이 아쉬웠니?
   - 어려웠던 점은 무엇이었니?
   - 놀이에 더 필요한 것이 있었니?

다. 활동의 유의점

1) 활동할 때 인원을 정하여 여유있는 공간이 되도록 한다.
2) 라이트 테이블 뿐 아니라 다양한 방법을 통하여 활동이 될 수 있도록 한다.
3) 놀이시간을 충분히 주어 다양하게 만들어 볼 수 있도록 한다.
4) 더 필요한 소품은 만들 수 있도록 하거나, 이야기 후 더 제시하여 주도록 한다.
5) 주제에 맞는 내용을 유아가 이해할 수 있도록 충분히 이야기 나누기를 한다.

라. 활동평가

1) 다양한 자연물에 관심을 가지는지 관찰하여 평가한다.
2) 봄에 볼 수 있는 것에 관심을 가지는지 평가한다.
3) 자연물을 다양하게 활용하여 사용하고 만들 수 있는지 평가한다.

마. 확장활동

1) 자연물과 폐품을 이용하여 입체모형으로 만들어 볼 수 있다.
2) 조형활동 후 신체활동을 통해 자신이 만든 것을 표현해 볼 수 있다.

봄동산 꾸미기

2. 실외놀이

1) 물놀이

<table>
<tr><td>활동명</td><td>벽화그리기</td><td>대상연령</td><td>만 5세</td></tr>
<tr><td colspan="2" rowspan="2">소중한 물</td><td>활동 형태</td><td>유형</td></tr>
<tr><td>실외놀이</td><td>물놀이</td></tr>
<tr><td colspan="2">목표</td><td colspan="2">누리과정 관련요소</td></tr>
<tr><td colspan="2">- 물로 벽화를 그려봄으로 물의 성질을 관찰하고 이해한다.
- 넓은 공간에 자유롭게 그림을 그리는 경험을 통해 표현력을 기른다.</td><td colspan="2">신체운동 · 건강 : 신체활동에 참여하기 - 자발적으로 신체활동에 참여하기
사회관계 : 다른 사람과 더불어 생활하기 - 친구와 사이좋게 지내기</td></tr>
<tr><td colspan="4">(창의 · 인성 관련)
창의성 : 사고의 확장 - 확산적 사고
인성 : 협력 - 긍정적 상호작용</td></tr>
<tr><td colspan="4">가. 활동 자료
물통, 물, 붓, 흰 벽(또는 전지를 붙인 벽)</td></tr>
<tr><td colspan="4">나. 활동방법
1) 다양한 벽화의 그림을 보며 어떻게 그린 것인지, 무엇을 그렸는지 이야기를 나눈다.
2) 벽화에서 색을 뺀다면 어떤 모습이 될지 상상해 보고 이야기를 나눈다.
3) 함께 활동을 하는 친구들과 어떤 그림을 그릴 것인지 이야기를 나누고 붓에 물만 묻혀 벽화를 그려 본다.
4) 완성된 벽화를 보고 생각했던 것과 어떤 부분이 다른지, 어떻게 달라지게 되었는지 생각해 보고 이야기를 나눈다.
5) 벽이 마르면 다시 한번 벽화를 그려 본다.
6) 사용한 붓, 물통 등을 정리하고 손을 씻는다.</td></tr>
</table>

다. 활동의 유의점

1) 생활주제 '여름'과 연계하여 물놀이한 물을 재활용할 수 있도록 활동함으로써 물을 아껴 사용해야 함을 알게 한다.
2) 유아의 발달적 수준을 고려하여 물의 양을 적게 하거나 많게 할 수 있도록 한다.

라. 활동평가

1) 물의 성질에 대해 이해할 수 있는지 평가한다.
2) 물을 이용해 자유롭게 그림을 표현을 할 수 있는지 평가한다.

마. 확장활동

1) 바깥에 나가 색 얼음으로 그림 그려보기
2) 물에 뜨는 것과 가라앉는 것 알아보기
3) 물을 컵에 담아 실로폰 만들어 보기 (만들어 본 후 함께 연주해 보기)

2) 모래놀이

활동명	모래로 표현하기	대상연령	만 5세
자연은 내 친구		**활동 형태**	**유형**
		실외놀이	모래놀이
목표		**누리과정 관련요소**	
- 모래의 성질을 관찰하고 양의 조절에 대해 알아본다. - 모래 그림을 통해 다양한 표현방법을 익힌다.		신체운동 · 건강 : 신체활동에 참여하기 - 자발적으로 참여하기 자연탐구 : 과학적 탐구하기 - 생명체와 자연환경 알아보기 사회관계 : 다른 사람과 더불어 생활하기 - 친구와 사이좋게 지내기	

(창의 · 인성 관련)
창의성 : 동기적 요소 - 호기심 · 흥미
인성 : 협력 - 긍정적인 상호의존성

가. 활동자료

크기가 다양한 깔대기, 페트병, 나뭇가지, 모래

나. 활동방법

1) 모래를 만져보고 탐색하는 시간을 가진다.
2) 준비한 다양한 크기의 깔대기와 페트병을 탐색하고 자유롭게 모래를 가지고 놀이활동을 한다.
3) 깔대기와 패트병에 담긴 모래가 떨어지는 모습이 각각 어떻게 다른지 관찰하고 왜 다르다고 생각하는지 이야기를 나눈다.
4) 떨어지는 모래를 이용해서 바닥에 자유롭게 그림을 그려 본다.
5) 나뭇가지로 바닥에 그림을 그리고 깔대기와 패트병, 모래를 이용해 색칠을 해본다.
6) 사용한 깔대기와 패트병, 나뭇가지, 모래 등을 정리하고 손을 깨끗이 씻는다.

다. 활동의 유의점

1) 모래가 유아들의 얼굴이나 몸에 들어가지 않도록 안전에 유의한다.

라. 활동 평가

1) 모래의 성질에 대해 이해할 수 있는지 평가한다.
2) 모래를 이용해 다양하게 표현 할 수 있는지 평가한다.

마. 확장활동

1) 모래를 이용한 소꿉놀이를 하기
2) 종이에 풀로 그림을 그린 후 모래를 뿌려 모래그림을 만들어 보기
3) 채를 이용한 고운 모래, 굵은 모래 걸러보기

Chapter 11

대 · 소집단활동

영유아 교육기관에서 행해지는 대집단, 소집단활동을 계획하고 평가하는데 도움을 주고자 활동영역별 예시를 제시하였다. 활동 예시에 따라 활동방법의 실제를 익히고 각 내용을 토대로 활동계획안을 새롭게 작성하는 연습을 하여 창의적이고 효과적인 교수활동을 경험할 수 있다.

활동예시

- 이야기나누기 – 컴퓨터에 대해 알아보기
- 동화 – 해와 달이 된 오누이
- 동시 – 알에서 태어나요
- 신체표현 – 주전자 속의 변화
- 게임 – 엄마처럼 아빠처럼
- 요리 – 구절판 만들기
- 새노래배우기 – 팥빙수
- 악기연주 – 손으로 연주해요
- 견학 – 소방서 견학
- 텃밭가꾸기 – 김자개기

1. 이야기나누기

<table>
<tr><td>활동명</td><td>컴퓨터에 대해 알아보기</td><td>대상연령</td><td>만 5세</td></tr>
<tr><td colspan="2" rowspan="2">생활도구</td><td>활동 형태</td><td>유형</td></tr>
<tr><td>대 · 소집단 활동</td><td>이야기나누기</td></tr>
<tr><td colspan="2">목표</td><td colspan="2">누리과정 관련요소</td></tr>
<tr><td colspan="2">- 컴퓨터의 구조와 기능에 대해 안다.
- 컴퓨터의 변화과정을 안다.
- 올바른 컴퓨터 사용법을 익히고 사용한다.</td><td colspan="2">의사소통 : - 이야기 듣고 이해하기
- 느낌, 생각, 경험 말하기
자연탐구 : - 탐구과정 즐기기</td></tr>
<tr><td colspan="4">(창의 · 인성 관련)
창의성 : 인지적 요소 - 사고의 수렴
인성 : 협력 - 긍정적인 상호의존성</td></tr>
<tr><td colspan="4">가. 활동자료
컴퓨터 모형, 동영상 자료(컴퓨터의 변천과정 및 올바른 컴퓨터 사용방법)</td></tr>
<tr><td colspan="4">나. 활동방법
1) 컴퓨터를 사용해 본 경험에 대해 이야기를 한다.
- 컴퓨터를 사용해 본 적이 있니?
- 컴퓨터로 무엇을 해 보았니?
- 컴퓨터를 사용하면서 재미있었던 점, 궁금했던 점이 있었니?

2) 동영상 자료를 보면서 컴퓨터와 인터넷의 차이와 경험에 대해 이야기를 한다.
- 컴퓨터와 인터넷의 차이는 무엇일까?
- 인터넷을 해 본 적이 있니? 어떤 것을 찾아보았니?

3) 컴퓨터 모형을 보면서 컴퓨터 부분명칭에 대해 이야기를 한다.
- (모니터를 보면서) 이것은 무엇일까?
- 어떤 일을 할까?</td></tr>
</table>

- 이 (모니터)가 없다면 어떨까?

4) 동영상 자료를 보면서 컴퓨터의 기능과 사용법에 대해 이야기한다.
   - 컴퓨터를 어떻게 켜고 끄는지 알고 있니?

(컴퓨터 사용방법)
① 본체의 전원버튼을 누른다.
② 모니터 화면에 윈도우 창이 뜰 때까지 기다린다.
③ 끌 때는 시작메뉴에서 종료버튼을 선택하고, 확인 단추를 누른다.

5) 컴퓨터를 이용해서 무엇을 할 수 있는지 이야기를 한다.
   - 컴퓨터를 이용해서 무엇을 할 수 있을까?

6) 컴퓨터가 우리 생활에 미치는 영향에 대해 이야기한다.
   - 컴퓨터는 우리에게 많은 것을 할 수 있도록 도와주는데, 컴퓨터가 없었던 옛날에는 이런 일들을 다 어떻게 했을까?
   - 아이들과 컴퓨터의 변천과정에 대한 동영상을 함께 본다.

7) 우리에게 많은 도움을 주는 컴퓨터의 올바른 사용법에 대해 이야기를 한다.
   - 우리의 생활을 편리하게 해주는 컴퓨터를 어떻게 하면 올바르게 사용할 수 있을까?

다. 활동의 유의점

1) 컴퓨터와 인터넷의 기능은 때로 혼동 되기도 하니깐 정확한 설명을 해 준다.
2) 인터넷 외에 컴퓨터가 가지고 있는 자체적인 기능에 대한 경험을 회상할 수 있도록 상호작용한다.

라. 활동평가

1) 컴퓨터와 인터넷의 차이점에 대해 잘 알고 있는지 평가한다
   - 컴퓨터의 사용법에 대해 잘 아는가?
   - 인터넷으로 우리가 할 수 있는 일을 잘 아는가?
   - 올바른 컴퓨터 사용법을 잘 아는가?

마. 확장활동

1) 컴퓨터의 다양한 기능 과 사용법을 알고 탐색하는 시간을 갖는다.
2) 다양한 재료를 이용하여 컴퓨터를 만들어 본다.
3) 궁금한 점을 인터넷을 이용하여 직접 검색해서 찾아보는 시간을 갖는다.

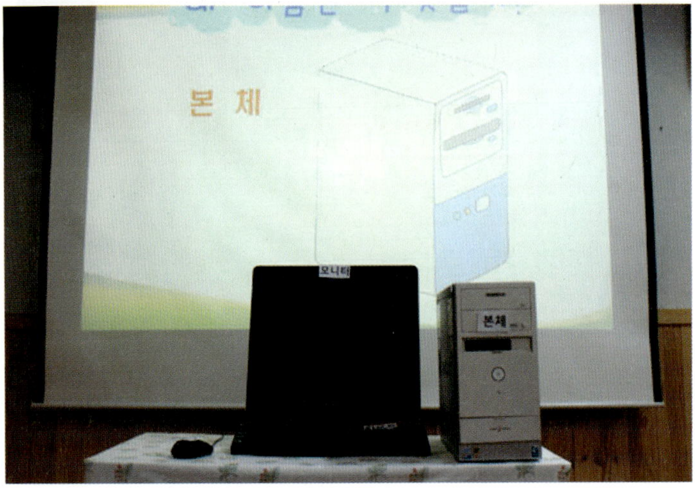

2. 동화

<table>
<tr><td>활동명</td><td>해와 달이 된 오누이</td><td>대상연령</td><td>만 3세</td></tr>
<tr><td colspan="2" rowspan="2">우리나라</td><td>활동 형태</td><td>유형</td></tr>
<tr><td>대 · 소집단 활동</td><td>동화</td></tr>
<tr><td colspan="2">목표</td><td colspan="2">누리과정 관련요소</td></tr>
<tr><td colspan="2">- 우리나라의 옛 이야기를 듣고 즐긴다.
- 동화를 듣고 동화 내용을 이해한다.
- 동화를 다양한 방법으로 듣고 즐긴다.</td><td colspan="2">의사소통: 듣기 : 동요, 동시, 동화 듣고 이해하기
의사소통 : 말하기 - 느낌, 생각, 경험 말하기
사회관계 : 사회에 관심 갖기
- 우리나라에 관심 갖고 이해하기
예술경험 : 예술적 표현하기
- 극 놀이로 표현하기</td></tr>
<tr><td colspan="4">(창의 · 인성 관련)
창의성 : 동기적 요소 - 호기심 · 흥미
인성 : 존중 - 자신과 전통문화에 대한 존중</td></tr>
<tr><td colspan="4">가. 활동자료
티슈동화 자료, 손가락인형(오누이)
동극용 소품(한복, 머릿수건, 호랑이 가면, 떡바구니, 동아줄)</td></tr>
<tr><td colspan="4">나. 활동방법
1) 우리나라의 옛날 동화에 대해 이야기 나눈다.
- 우리나라의 옛날 동화를 들어 본 적이 있니?
- 어떤 동화를 들어 보았니?
- 동화를 들으니 어떤 기분이 들었니?

2) 티슈동화의 배경을 보며 내용을 상상하여 본다.
- 이것이 무엇일까?</td></tr>
</table>

- 이런 집을 본 적이 있니?
- 어디서 보았니?
- 이 집에는 누가 살고 있을까?
- 이집에는 오누이와 어머니가 살고 있어요. 오누이가 무엇일까?
- 오빠와 여동생을 오누이라고 해요.

3) 동화의 표지를 보며 내용을 상상하여 본다.
   - 표지에는 어떤 그림이 그려져 있니?
   - 제목은 '해와 달이 된 오누이' 오누이는 왜 해와 달이 되었을까?

4) '해와 달이 된 오누이' 동화를 함께 감상한다.

5) '해와 달이 된 오누이' 동화를 회상한다.
   - 호랑이는 엄마에게 무엇을 달라고 했니?
   - 호랑이를 피해 오누이는 어디로 갔니?
   - 오누이는 호랑이에게 어떻게 올라오라고 했니?
   - 호랑이가 올라오자 오누이는 어떻게 했니?
   - 호랑이는 어떤 동아줄을 받았니?
   - 하늘로 간 오누이는 무엇이 되었니?

6) 동화를 듣고 느낀점을 이야기 나눈다.
   - 동화를 들으니 어떤 생각이 들었니?
   - 동화의 어떤 부분이 재미있었니?
   - 동화의 어떤 부분은 속상했니?

다. 활동의 유의점

1) 티슈가 한 장씩 나올 수 있도록 하며, 이야기의 전개를 자연스럽게 이어나간다.
2) 역할영역에 이야기에 나오는 소품을 비치하여 자연스럽게 동극을 해 보게 한다.

라. 활동 평가

1) 우리나라 옛 이야기에 관심을 갖는지 평가한다.
2) 동화를 듣고 내용을 이해하는지 평가한다.
3) 다양한 방법으로 동화를 듣고 즐기는지 관찰을 통하여 평가한다.

마. 확장활동

1) 동화 감상 후 역할을 정하여 동극을 해 본다.
2) 이야기의 뒷이야기를 자유롭게 바꾸어 꾸며 보도록 한다.
3) 이야기의 상황을 바꾸어 보며 이야기를 만들어 보도록 한다.

3. 동시

<table>
<tr><td>활동명</td><td>알에서 태어나요.
(동시 - "병아리")</td><td>대상연령</td><td>만 3세</td></tr>
<tr><td colspan="2" rowspan="2">동물</td><td>활동 형태</td><td>유형</td></tr>
<tr><td>대 · 소집단 활동</td><td>동시</td></tr>
<tr><td colspan="2">목표</td><td colspan="2">누리과정 관련요소</td></tr>
<tr><td colspan="2">- 동시를 소리 내며 바르게 읽는다.
- 동시를 들어보며 자신의 느낌을 말할 수 있다.</td><td colspan="2">의사소통 : 듣기 - 동요, 동시, 동화 듣고 이해하기
자연탐구 : 과학적 탐구하기 - 생명체와 자연 환경 알아보기</td></tr>
<tr><td colspan="4">(창의 · 인성 관련)
창의성 : 인지적 요소 - 사고의 확장
인지적 요소 - 사고의 수렴
동기적 요소 - 호기심 · 흥미</td></tr>
</table>

가. 활동 자료

달걀모양 동시판, 병아리(색지), 융판

나. 활동방법

1) 수수께끼를 통해 주의 집중을 한다.
   - (융판에 알모양 펠트를 붙여 주며) 융판에 붙어 있는 알을 살펴볼까?
   - 어떤 동물의 알일까?
   - (알 속에 있는 병아리를 천천히 꺼내며) 알이 깨지면 노란색 얼굴이 나오고 얼굴 아래에는 날개가 달려 있는 동물에는 누가 있을까?

2) 동시판의 모습을 보며 동시의 내용에 대해 이야기 나눈다.
   - 알에 무엇이 보이니?
   - 병아리 알은 오늘의 동시판이 되었어.

- 동시판에 무엇이 보이니?
- 동시의 제목이 무엇일까?
- 오늘 함께 알아볼 동시의 제목은 '병아리'라고 해요.

3) 동시 '병아리'를 천천히 읊어 준다.

동시 - 병아리

작은 병아리 껍질을 깨고 탁
머리가 쏘옥 꼬리가 삐쭉
다리를 펴고 쭈욱 날개짓하네
빙글 빙글 빙글 빙글 날아가네 날아가네

4) 동시의 내용을 회상해 본다.
- 동시를 잘 들어봤니?
- 어떤 단어들이 나왔니?
- 어떤 단어가 재미있었니?
- 알에서 태어난 병아리가 어땠게 하였니?
- 알에서 태어난 병아리가 누굴 만나기 위해 날아갔을까?
- 알에서 태어난 병아리의 모습을 보고 엄마의 마음은 어땠을까?

5) 동시를 함께 읊어 본다.
- 동시를 다시 읽어 줄테니 들어보자.
- 한 소절씩 따라 읽어 보자.
- 한 소절씩 번갈아가며 읽어 보자.
- 너희가 어느 부분을 읽어 볼까? (교사와 유아가 동시를 나누어 읊어 본다.)
- 함께 동시를 읽어 보자.

6) 동시의 내용을 개작해 본다.
- 동시의 내용 중 바꾸어 볼 수 있는 부분에는 무엇이 있을까?
- '삐죽, 쭈욱'과 같은 부분을 어떻게 바꾸어 볼까?

- 병아리 말고 다른 동물로 바꾸어 볼 수 있을까?
- 병아리와 같이 알에서 태어나는 동물에는 무엇이 있을까?
- 바꾸어 본 동시를 함께 읽어 보자.

7) 동시를 읽어 본 느낌에 대해 이야기를 나눈다.
   - 동시를 읽어 보니 느낌이 어떠니?
   - 어느 부분이 기억에 남니?
   - 재미있었던 부분이 어디니?

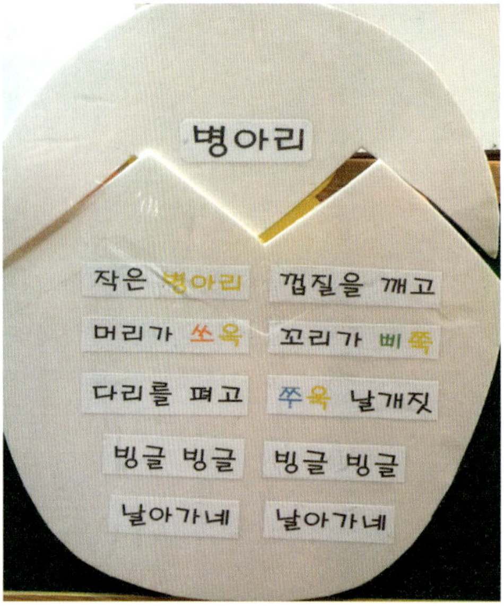

다. 활동의 유의점

1) 유아들이 동시판을 직접 조작해 볼 수 있도록 동시판을 제작한다.
2) 유아들이 흥미를 느낄 수 있도록 다양한 방법으로 동시를 읊어 본다.

라. 활동평가

1) 동시를 소리 내어 따라 읽어 보았는지 평가한다.
   - 자신의 목소리로 동시를 읽어 보았는가?

- 선생님을 따라 동시를 읽어 보았는가?

2) 어려워하거나 이해하지 못하는 단어가 있는지 평가한다.

- 동시의 내용 중 어려운 단어가 있었는가?

마. 확장활동

1) 직접 동시 속 주인공이 되어 몸으로 표현해 본다.
2) 동시를 듣고 이야기를 꾸며 보며 나만의 동화를 만들어 본다.
3) 알에서 태어나는 동물에는 무엇이 있는지 찾아본다.

4. 신체표현

<table>
<tr><td>활동명</td><td>주전자 속의 변화</td><td>대상연령</td><td>만 4세</td></tr>
<tr><td colspan="2" rowspan="2">생활도구</td><td>활동 형태</td><td>유형</td></tr>
<tr><td>대 · 소집단 활동</td><td>신체표현</td></tr>
<tr><td colspan="2">목표</td><td colspan="2">누리과정 관련요소</td></tr>
<tr><td colspan="2">- 주전자에 대해 관심을 갖고 그 쓰임새에 대해 안다.
- 물이나 음식을 끓여 먹을 때의 이로운 점을 이해한다.
- 물이 끓어오르는 과정에 대해 이해한다.
- 음악을 듣고 신체를 이용하여 다양한 동작을 표현한다.</td><td colspan="2">신체운동 · 건강 : 신체 조절과 기본 운동하기 - 기본운동하기
예술경험 : 예술적 표현하기 - 움직임과 춤으로 표현하기
자연탐구 : 과학적 탐구하기 - 간단한 도구와 기계 활용하기, 물체와 물질 알아보기</td></tr>
<tr><td colspan="4">(창의 · 인성 관련)
창의성 : 동기적 요소 - 몰입
인성 : 협력 - 집단협력</td></tr>
<tr><td colspan="4">가. 활동자료
실물자료 주전자, 주전자 노래 음원, 물방울 머리띠, 대형 주전자 모형, 주전자 물이 끓어 오르는 동영상, 음악의 빠르기가 다양한 음악</td></tr>
<tr><td colspan="4">나. 활동방법
1) 주전자 노래를 통해 물을 끓여 먹어야 안전하다는 것에 대해 이야기 나눈다.
- 노랫말 속에 무엇이 나왔니?
- 주전자 속에 물을 끓여 마시면 우리에게 어떤 도움을 줄까?
- 물 말고 여름철에 또 어떤 것을 끓여 먹으면 좋을까?

2) 주전자 실물을 탐색하여 본다.
- 주전자를 살펴보자. 주전자는 어떤 모양이니?</td></tr>
</table>

- 주전자는 어떤 부분들로 이루어졌니?
- 주둥이가 하는 역할은 무엇일까?
- 뚜껑은 어떻게 생겼는지 보자.
- 주전자를 두드려 보자. 어떤 소리가 들리니?
- 주전자에 물을 넣어서 두드려 보자. 소리가 어떻게 달라졌니?

3) 물이 끓어오르는 주전자의 동영상을 감상한 후 이야기 나눈다.
- 동영상에서 물이 끓어오를 때 어떤 소리가 났니?
- 끓어 오를 때 모양은 어떤 모양이였니?
- 주전자에서 처음부터 물이 끓어올랐니?
- 작은 기포가 아래에서부터 어떻게 올라 왔니?

신체로 표현한다면 어떻게 표현할 수 있을까?

물이 보글보글 끓을 때는 어떤 모습이였니?
- 몸을 이용해 표현한다면 어떻게 하면 좋을까?

4) 주전자에서 물이 끓어오르는 모습을 음악에 맞춰 창의적인 동작으로 표현해 본다.
   - 음악 소리가 작을 때는 차가운 물이라고 한다.
   - 음악이 서서히 빨라질 때는 물이 끓기 시작할 때이다.
   - 음악이 빠를 때는 물이 보글보글 끓어오를 때이다.

<처음에는 기포가 아래에 가만히 있는 것을 표현>

<서서히 물이 끓어오르면서 기포들이 움직이며 위로 올라오는 것을 표현>

<기포들이 활발이 움직이며 위로 아래로 움직이는 것을 표현>

<물이 식으면서 서서히 가라 앉는 것을 표현>

5) 주전자의 물이 끓어오르기까지의 창의적인 동작표현에 대해 이야기 나눈다.
- 처음 차가운 물일 때는 어떻게 표현했니?
- 처음 물이 끓어오를 때와 보글보글 끓을 때는 어떻게 다르게 표현했니?
- 친구와 다른 나만의 독특한 표현 방법은 무엇이였을까?
- 만일 주전자에 불이 켜지지 않아 물이 끓어오르지 않는다면 어떻게 표현할 수 있었을까?

6) 신체활동 후 느낌에 대해 이야기 나눈다.
- 주전자 속 물을 표현할 때 어떤 점이 재미있었니?
- 어려운 점은 무엇이었니?
- 주전자를 표현할 때 물이 아닌 어떤 것을 넣어서 표현해 볼 수 있을까?

다. 활동의 유의점

1) 주전자 속에 들어가는 인원수를 제한하여 서로 부딪히지 않도록 한다.
2) 유아들의 창의적 표현을 격려해 준다.

라. 활동평가

1) 주전자의 쓰임새에 대해 알고 있는지 평가한다.

2) 수족구나 전염병을 예방하기 위해 물과 음식을 끓여 먹어야 함을 이해하는지 평가한다.
3) 물이 끓어 오르는 과정에 대해 알고 이야기 나누는지 평가한다.
4) 음악을 들으며 신체를 다양하게 표현하는지 평가한다.

마. 확장활동

1) 주전자에 물 높이를 다양하게 하여 타악기 연주를 해 본다.
2) 주전자에 다양한 것들을 끓여 보며 끓어오르는 시간을 측정해 본다.
3) 나만의 주전자를 창의적으로 만들고 꾸며 준다.
4) 신체표현을 통해 즐거웠던 점이나 느꼈던 점을 동시로 꾸며 본다.

5. 게임

활동명	엄마처럼 아빠처럼	대상연령	만 4세
나와 가족		**활동 형태**	**유형**
		대 · 소집단 활동	게임
목표		**누리과정 관련요소**	
- 가족마다 필요한 소품이 다름을 안다. - 엄마, 아빠의 다양한 물건에 관심을 갖는다. - 엄마, 아빠의 소중함을 알고 감사하는 마음을 갖는다. - 게임활동에 협력하여 즐겁게 참여한다.		신체운동 · 건강 : - 신체활동에 참여하기 - 자발적으로 신체활동에 참여하기 사회관계 : - 가족을 소중히 여기기 - 가족과 협력하기	

(창의 · 인성 관련)
창의성 : 인지적 요소 - 문제해결력
인성 : 협력 - 긍정적인 상호의존성

가. 활동자료

엄마소품(치마, 가방, 구두), 아빠 소품(와이셔츠, 넥타이, 구두), 엄마, 아빠 퍼즐판, 반환점

나. 활동방법

1) 퍼즐판을 보며 엄마, 아빠에 대해서 이야기를 나눈다.
   - 이 퍼즐 속에 누가 있니?
   - 엄마, 아빠에 대해서 생각해 본 적이 있니?
   - 엄마, 아빠가 사용하시는 물건을 본 적이 있니?
   - 엄마, 아빠의 물건에는 어떤 것들이 있을까?

2) 엄마의 물건에 대해서 알아본다. 탐색하여 본다.
   - 여기 여러 가지 물건이 있단다.
   - 이 물건의 이름은 무엇일까?

- 이 물건을 사용하는 사람은 누구일까?
- 이 물건은 언제 사용하는 것일까?
- 엄마의 구두를 신고 걸어 본 적이 있니?
- 아빠의 구두를 신고 걸어 본 적이 있니?
- 엄마는 언제 이 가방을 들고 가실까?
- 아빠는 언제 넥타이를 매실까?
- 옷을 입은 엄마의 모습은 어떠니?
- 옷을 입은 아빠의 모습은 어떠니?

3) 게임을 하기 위해 두 팀으로 나누어 앉는다.

<게임방법>

① 출발선에 구두를 신고 선다.
② 출발 신호를 듣고 달려가 엄마의 옷을 입고 가방을 든다.
출발 신호를 듣고 아빠의 옷을 입고 넥타이를 목에 건다.
③ 반환점으로 가서 엄마, 아빠의 퍼즐을 맞추고 돌아온다.
④ 먼저 교사가 있는 곳에 도착하면 점수를 받는다.

4) 게임 활동을 소개하고 시범을 보여 준다.

5) 게임 활동을 한다.

<게임규칙>

① 출발선을 지킨다.
② 게임방법에 맞게 규칙을 잘 지킨다.
③ 끝까지 포기하지 않고 게임을 한다.
④ 엄마의 가방은 꼭 손에 끼우도록 한다.
⑤ 퍼즐판을 맞출 때 퍼즐을 바르게 맞추도록 한다.
⑥ 친구가 도착점에 도착할 때까지 조용히 앉아서 기다린다.

6) 게임활동 후 느낌에 대해 이야기 나눈다.
- 게임을 해 보니 어떠니?
- 게임을 할 때 힘든 점은 없었니?
- 엄마, 아빠가 되어 보니 어떠니?
- 우리가 엄마, 아빠를 도와드릴 일은 무엇이 있을까?
- 우리가 부모님께 감사하는 마음을 표현할 수 있는 일은 무엇이 있을까?

다. 활동의 유의점

1) 엄마에 비해 아빠의 옷이나 신발들이 무척 크다는 것을 미리 알려 준다.
2) 엄마의 하이힐은 다칠 위험이 있으니 조심해서 걷도록 미리 알려 준다.
3) 결과보다는 과정을 즐길 수 있도록 한다.

라. 활동평가

1) 엄마, 아빠에게 필요한 물건을 바르게 알고 있는지 평가한다.
- 물건 중 엄마에게 필요한 것을 잘 아는가?
- 물건 중 아빠에게 필요한 것을 잘 아는가?
- 물건을 바르게 착용하는가?
- 퍼즐을 잘 맞추는가?

2) 규칙을 지키며 즐겁게 게임에 참여하는지 평가한다.
- 규칙을 지키며 게임을 하는가?
- 즐겁게 자발적으로 게임에 참여하는가?

마. 확장활동

1) 소품들을 모아서 역할놀이에서 가족놀이를 할 수 있다.
2) 엄마, 아빠의 역할을 바꾸어 활동을 할 수 있다.
3) 퍼즐을 가지고 조작활동을 할 수 있다.
4) 할머니, 할아버지, 아기 등으로 역할을 바꾸어 활동을 할 수 있다.

6. 요리

<table>
<tr><td>활동명</td><td>구절판 만들기</td><td>대상연령</td><td>만 4세</td></tr>
<tr><td colspan="2" rowspan="2">나와 가족</td><td>활동 형태</td><td>유형</td></tr>
<tr><td>대 · 소집단활동</td><td>요리</td></tr>
<tr><td colspan="2">목표</td><td colspan="2">누리과정 관련요소</td></tr>
<tr><td colspan="2">- 우리나라 쌈요리에 대해 관심을 갖는다.
- 요리 재료의 변화에 관심을 가지고 요리활동에 참여한다.
- 만든 요리를 친구들과 나누어 먹는다.</td><td colspan="2">신체운동 · 건강 : - 건강하게 생활하기
- 바른 식생활하기
자연탐구 : - 탐구하는 태도 기르기
- 탐구기술 활용하기
사회관계 : - 사회에 관심 갖기
- 우리나라에 관심 갖고 이해하기</td></tr>
<tr><td colspan="4">(창의 · 인성 관련)
창의성 : 인지적 요소 - 사고의 수렴
인성 : 존중-자신의 전통 문화에 대한 존중</td></tr>
<tr><td colspan="4">가. 활동자료
요리보, 앞치마(교사용, 유아용), 행주, 머릿수건(유아용), 요리순서도, 요리도구(접시, 숟가락), 요리재료(밀가루, 세계 여러 나라 쌈요리 사진)</td></tr>
<tr><td colspan="4">나. 활동방법
1) 책상 위에 보를 깔아 둔다.
2) 요리의 재료와 요리에 필요한 도구의 이름을 알아본다.
- (재료를 소개하며) 이 재료의 이름은 무엇일까?
- 어떤 냄새가 나니?
- 어떤 색깔이니?
- 이 재료를 이용해서 어떤 음식을 만들 수가 있을까?
- 이 재료로 만들 수 있는 음식은 무엇일까?</td></tr>
</table>

- 구절판을 본 적이 있니?
- 구절판 음식을 먹어 본 적이 있니?

3) 유아와 함께 요리순서도를 보면서 구절판의 음식들을 만든다.

<요리방법>

① 여러 가지 재료들을 볶거나 찢어서 알맞게 준비한다.
② 밀가루를 잘 개어서 밀전병을 만든다.
③ 만든 밀전병을 접시에 놓는다.
④ 밀전병 위에 자신이 좋아하는 재료들을 알맞게 올려놓는다.
⑤ 밀전병으로 재료들을 말아 올린다.
⑥ 연겨자 소스를 찍어서 먹는다.

4) 만든 구절판 요리를 다른 유아들과 함께 먹는다.
- 구절판 요리를 먹어 보자.
- 맛이 어떠니?

다. 활동의 유의점

1) 밀전병을 포개놓을 때 붙지 않기 위해서 콩가루 등을 살짝 발라 놓는다.
2) 유아들의 수준을 고려해서 재료들을 손질하는 것과 볶는 것 등을 직접해 볼 수 있다.
3) 유아들의 입맛을 고려해 재료는 변화를 주어도 되며 소스 또한 유아들의 입맛에 맞는 것을 선정한다.

라. 활동평가

1) 우리나라의 음식에 대해 관심을 갖고 요리과정을 이해하며 참여하는지 평가한다.
2) 구절판 요리의 재료및 조리법을 알고 표현하는지 평가한다.
가) 구절판에 사용되는 재료를 잘 알고 이야기할 수 있는가?
나) 구절판 만들기 과정을 잘 알고 이야기할 수 있는가?
3) 요리에 즐겁게 참여하는지 평가한다.

마. 확장활동

1) 구절판의 재료들을 다양하게 활용해 볼 수 있다.

2) 유아들과 함께 세계의 다양한 쌈 요리에 대해서 알아보고 이 중 만들고 싶은 것을 선택해서 만들어 볼 수 있다.
3) 클레이를 이용해 다양한 재료들을 만들고 천으로 만든 페이퍼를 이용해 쌈 요리를 만들어 볼 수 있다.

7. 새노래 배우기

<table>
<tr><td>활동명</td><td>팥빙수</td><td>대상연령</td><td>만 5세</td></tr>
<tr><td colspan="2" rowspan="2">여름</td><td>활동 형태</td><td>유형</td></tr>
<tr><td>대 · 소집단 활동</td><td>새노래</td></tr>
<tr><td colspan="2">목표</td><td colspan="2">누리과정 관련요소</td></tr>
<tr><td colspan="2">- 노래 부르기를 즐긴다.
- 여름에 먹는 음식을 안다.
- 리듬에 어울리는 악기로 연주한다.</td><td colspan="2">예술경험 : - 음악으로 표현하기
- 음악적 요소 탐색하기</td></tr>
<tr><td colspan="4">(창의 · 인성 관련)
창의성 : 동기적요소 - 호기심 · 흥미</td></tr>
<tr><td colspan="4">가. 활동자료
노랫말 그림, 가사판, 음악cd, 카세트</td></tr>
<tr><td colspan="4">나. 활동방법
1) 그림자료를 보면서 노래를 들어보고 떠오르는 생각을 이야기한다.
- 노래를 잘 들어보자. 이 노래를 들어 본 적이 있니?
- 그림을 보면서 노래를 들어보니깐, 어떤 생각이 드니?

2) 노랫말판을 보면서 노랫말에 대해 생각해 본다.
- 팥빙수는 어느 계절에 먹는 음식일까?
- 팥빙수는 어떻게 만드는 걸까?
- 팥빙수에 필요한 재료는 무엇이 있을까?
- 노랫말 중에서 생각나는 단어를 이야기해 볼까?

3) 이야기한 내용을 생각하며 노랫말을 함께 읽어 본다.

4) 그림자료를 제시하고 노래를 다시 한 번 더 들려준다.</td></tr>
</table>

5) 노랫말판을 보면서 노랫말을 한 소절씩 읽어 본다.

6) 한 가지 소리로 노래를 불러 본다.
- 우리 한 가지 소리로 노래를 불러 볼까?
- 어떤 소리로 노래를 불러 볼까?

7) 노랫말을 처음부터 끝까지 아이들과 함께 읽어 본다.
- 우리 노랫말을 처음부터 같이 읽어 볼까?

8) 음악에 맞춰 아이들과 팥빙수 노래를 불러 본다.
- 음악에 맞춰서 같이 한번 노래를 불러 볼까?

9) 노래를 다 익힌 후 율동을 만들어서 노래를 불러 본다.
- 이 노래에 맞춰서 할 수 있는 율동을 만들어 보자.

다. 활동의 유의점

1) 율동을 만들 때 아이들의 의견을 충분히 반영을 하면서 율동을 만든다.
2) 그림자료를 보면서 아이들이 이야기를 지어볼 수 있도록 한다.

라. 활동평가

1) 노랫말의 의미를 알고 활동에 즐겁게 참여하는지 평가한다.
- 노래의 느낌을 생각하며 즐겁게 부르는가?
- 창의적인 동작을 표현하는가?
- 노랫말 중에서 아이들이 이해하기 어려운 단어는 없었는가?

마. 확장활동

1) 리듬카드를 이용하여 리듬놀이를 하면서 노래를 불러 본다.
2) 다양한 악기를 이용하여 악기 연주를 해 본다.
3) 리듬카드를 이용하여 리듬합주를 해 본다.
4) 아이들과 함께 팥빙수를 만들어 본다.

팥빙수
반짝 반짝 눈가루에 달콤한 팥
말랑말랑 무지개

8. 악기연주

<table>
<tr><td>활동명</td><td>손으로 연주해요.</td><td>대상연령</td><td>만 3세</td></tr>
<tr><td colspan="2" rowspan="2">생활도구</td><td>활동 형태</td><td>유형</td></tr>
<tr><td>소집단 활동</td><td>악기 연주</td></tr>
<tr><td colspan="2">목표</td><td colspan="2">누리과정 관련요소</td></tr>
<tr><td colspan="2">- 악기를 탐색하며 다양한 방법으로 소리를 낼 수 있다.
- 바르게 악기를 사용하는 방법을 안다.</td><td colspan="2">예술경험 : 예술적 표현하기 - 음악으로 표현하기
사회관계 : 다른 사람과 더불어 생활하기 - 공동체에서 화목하게 지내기</td></tr>
<tr><td colspan="4">(창의 · 인성 관련)
창의성 : 인지적 요소 - 사고의 수렴
동기적 요소 - 호기심 · 흥미
인성 : 협력 - 집단 협력</td></tr>
<tr><td colspan="4">가. 활동자료
다양한 병뚜껑과 방울을 이용해 만든 손장갑, 다양한 병뚜껑(실물)
뚜껑의 모습이 찍힌 사진</td></tr>
<tr><td colspan="4">나. 활동방법
1) 뚜껑의 모습을 살펴본다.
- (뚜껑의 모습이 찍힌 사진을 보며) 사진 속에 무엇이 보이니?
- 어디에서 본 적이 있니?
- 언제 사용해 보았니?
- (실물 뚜껑을 보며) 뚜껑의 모습을 살펴보자.
- 어떤 모양이니?
- 느낌이 어떠니?

2) 새로운 악기를 탐색해 본다.
- 뚜껑으로 악기를 만들어 보려면 어떻게 할 수 있을까?</td></tr>
</table>

- 뚜껑을 이용해 소리를 낼 수 있을까?
- (장갑 악기를 보여주며) 장갑에 무엇이 달려 있니?
- 장갑은 어떨 때 사용하는 거니?
- 장갑악기를 손에 끼고 어떻게 소리를 내는 걸까?
- 어떤 소리가 날 것 같니?

3) 악기를 연주하기 전 주의해야 할 점에 대해 이야기 나누어 본다.
- 장갑 악기를 끼고 조심해야 할 점에는 무엇이 있을까?
- 장갑 악기로 연주할 때 옆에 친구에게 장난을 치거나 때리면 어떻게 될까?
- 장갑 악기에 붙어 있는 방울과 뚜껑들을 빼거나 물거나 하면 다른 친구들이 연주할 때 기분이 어떨까?

4) 악기를 연주해 본다.
- 장갑 악기를 끼고 흔들어 보자.
- 장갑 악기를 부딪쳐 보자.
- '작은 동물원' 노래를 불러 보며 악기를 연주해 보자.

5) 악기를 연주하며 느낀 생각을 이야기해 본다.
- 악기 소리가 어떠니?
- 악기를 연주해 보니 어떤 기분이 나니?
- 친구들과 함께 연주해 보니 어떠니?

다. 활동의 유의점

1) 악기를 사용할 때 주의해야 할 점에 대해 이야기한다.
2) 악기를 이용해 소리를 낼 때 다양한 방법(흔들기, 부딪히기 등)을 시도할 수 있도록 안내한다.

라. 활동평가

1) 악기를 바르게 사용하였는지 평가한다.
   - 악기를 사용할 때의 주의 할 점에 대해 알고 있는가?
   - 악기를 바르게 사용하였는가?
2) 다양한 방법으로 악기를 연주해 보았는지 평가한다.
   - 한 가지 방법이 아닌 다양한 방법으로 악기를 연주해 보았는가?

마. 확장활동

1) 브레멘음악대 노래에 맞춰 연주를 해 본다.
2) 신발에 다양한 뚜껑을 달아 새로운 악기를 만들어 본다.

9. 견학

<table>
<tr><td>활동명</td><td>소방서 견학</td><td>대상연령</td><td>만 5세</td></tr>
<tr><td colspan="2" rowspan="2">우리 동네</td><td>활동 형태</td><td>유형</td></tr>
<tr><td>대 · 소집단 활동</td><td>견학</td></tr>
<tr><td colspan="2">목표</td><td colspan="2">누리과정 관련요소</td></tr>
<tr><td colspan="2">- 소방서에서 하는 일을 알아본다.
- 불조심의 필요성을 알고 소화기 사용을 경험한다.</td><td colspan="2">신체운동 · 건강 : 안전하게 생활하기 - 비상시 적절히 대처하기
사회관계 : 사회에 관심 갖기 - 지역사회에 관심 갖고 이해하기
의사소통 : 듣기 - 바른 태도로 듣기
말하기 - 느낌, 생각, 경험 말하기</td></tr>
<tr><td colspan="4">(창의 · 인성 관련)
창의성 : 사고의 확장 - 확산적 사고
인성 : 질서 - 기초질서</td></tr>
<tr><td colspan="4">가. 활동자료
메모지, 소화기, 필기도구, 비상약품, 카메라
(준비사항)
1) 교사가 사전에 소방서를 답사하여 견학일정을 확인한다.
- 소요시간, 화장실 위치, 소방서에서 할 수 있는 활동내용 등
- 방문일자와 협조 사항에 대한 공문 발송
2) 소방서에 대해 이야기한다.
- 어떤 일을 하는 곳일까?
- 가서 무엇을 알아 볼 수 있을까?</td></tr>
<tr><td colspan="4">나. 활동방법
* 사전활동 : 소방서를 견학할 때 지켜야 할 약속에 관해 알아본다.</td></tr>
</table>

1) 소방서를 방문하여 이야기 나눈다.
   - 소방서에서 하는 일, 궁금한 것에 관하여 119 구급대 또는 소방대원에게 질문한다.
   - 소방서의 시설을 둘러본다(소방차, 방송시설 등).
2) 소방대원의 복장과 소화기가 어떤 역할을 하는지 알아본다.
   - 소화기의 사용 방법을 알아보고 직접 사용해 본다.

다. 활동의 유의점

1) 교사는 소방서의 위치, 소요시간에 따라 간식 또는 식사의 유무를 결정한다.
2) 방문 일자와 협조사항에 대해 공문을 발송하거나 담당자와 미리 충분히 협의한다.
3) 소방서 견학 후 확장활동을 예측하고 그에 대비하여 준비한다.

라. 활동평가

1) 소방서를 다녀 온 후 유아들과 함께 이야기를 나눈다.
   - 소방서에서 무엇을 보았니?
   - 어떤 일을 하는 곳일까?
   - 만약 소방서가 없다면 어떻게 될까?
2) 소방서 견학을 할 때 지켜야 할 예절은 잘 지켜졌는지에 대해 평가한다.

마. 확장활동

1) 소방관 아저씨에게 감사 편지 써 보기
2) 소방관 아저씨가 되어 보기

10. 텃밭가꾸기

활동명	감자캐기	대상연령	만 2세
여름과일과 채소		활동 형태	유형
		대 · 소집단 활동	텃밭가꾸기
목표		누리과정 관련요소	
- 감자를 오감으로 탐색한다. - 감자의 생김새에 대해 언어로 표현할 수 있다. - 감자를 캐는 활동을 통해 감자가 뿌리채소임을 이해하고 수확의 기쁨을 느낀다.		신체운동 · 건강 : 신체 조절과 기본 운동하기 - 신체조절하기 자연탐구 : 과학적 탐구하기 - 생명체와 자연환경 알아보기	

(창의 · 인성 관련)

창의성 : 인지적 요소 – 문제해결력, 문제발견

인성 : 존중 - 생명과 환경에 대한 존중

배려 - 동식물에 대한 배려

가. 활동자료

감자책, 삽, 감자 담을 바구니, 비닐봉지

나. 활동방법

(도입)

1) 주의 집중으로 '씨앗' 노래를 부른다.
2) 봄에 심어 가꾸고 있는 감자가 땅 속에 어떻게 자라고 있는지 상상해 본다.
3) '감자'책으로 감자의 성장과정을 소개한다.

(전개)

1) 심어 놓은 감자를 직접 수확하러 갈 것이라고 이야기한다.
2) 감자 고랑을 따라 영아가 일렬로 서게 한다.

3) 교사는 감자 줄기를 잡아당겨 뽑아 수학하는 시범을 보인다.
4) 영아가 교사를 따라 수확해 보게 한다. 이 때 영아의 안전을 위해 감자 줄기를 교사가 함께 뽑는 것이 좋다.
5) 밭에 심어져 있는 감자를 오감으로 탐색하면서 감자가 어디에 달려 있는지 찾아본다.
6) 그늘로 가서 바구니에 담긴 감자를 가운데 놓고 모여 앉는다.

(마무리)

1) 영아들이 수확한 감자를 보여주며 격려해 준다.
"와, 우리 친구들이 이렇게 많은 감자를 캐냈구나, 감자를 캐내는 일이 재미있었니?"
2) 감자를 수확했던 방법과 감자의 생김에 대해 이야기 나눈다.
3) 직접 캐 온 감자 중 두 개씩 집으로 가져가고, 과학영역에도 두고 관찰할 것이라고 알려 준다.
4) 주변을 정리하고 손을 씻는다.

다. 활동의 유의점

1) 영아들의 안전을 위해 호미나 도구를 사용하지 않고 손으로 감자를 캐 볼 수 있도록 한다.
2) 교사는 감자의 줄기를 함께 뽑아 내고 삽으로 감자가 보이는 주변의 땅을 들쳐주어 영아가 손쉽게 감자를 수확하도록 도와주어야 한다.

라. 확장활동

1) 감자로 해 볼 수 있는 요리(감자전, 감자옹심이)를 함께 해 본다.
2) 감자를 곱게 갈아서 감자가루를 채취하고 감자전분을 함께 만들어 본다.
3) 감자 전분에 물을 넣고 전분놀이를 해 본다.

강경미 · 구광현 · 백영숙(2005). 아동발달. 서울 : 대왕사.

강문희 · 정옥환 · 신현옥 · 정정옥(2004). 아동발달. 경기 : 교문사.

경기도교육청(2015). 2015 제3주기 유치원 평가 매뉴얼.

곽금주 · 김수정 · 김연수(2011). 영유아기 엄마와의 상호작용. 서울 : 학지사.

곽금주 · 성현란 · 장유경 · 심희옥 · 이지연 · 김수정 · 배기조(2005). 한국영아발달연구. 서울 : 학지사.

곽노의 · 김유미 역(2005). 유아의 두뇌발달. 서울 : 양서원. Families and Work Institute, Rethinking the Brain.

교육과학기술부(2008). 유치원 교육과정해설. 80~88.

교육과학기술부(2011). 유치원 기본과정 내실화를 위한 창의성교육 프로그램.

교육과학기술부 · 보건복지부(2012). 3–5세 연령별 누리과정 운영을 위한 교사연수 자료집. 육아정책연구소.

교육과학기술부 · 보건복지부(2012). 5세 누리과정 교사용지침서.

교육과학기술부 · 보건복지부(2013). 3–5세 연령별 누리과정 교사용지침서.

교육과학기술부 · 보건복지부(2013). 3–5세 연령별 누리과정 해설서.

교육인적자원부(2001). 유치원교사 교육 프로그램.

구강보건협회(2005). 덩이는 잘 먹어요. 경기 : 군자출판사.

권성호(1990). 교육공학원론. 경기 : 양서원.

권영례(1999). 유아를 위한 교수학습방법의 이해. 경기 : 양서원.

권영례(2006). 교과교육론. 경기 : 양서원.

권인옥(2008). 영아의 보육교사에 대한 애착안정성과 사회 · 정서능력과의 관계. 계명대학교 교육대학원 석사학위논문.

김나영 · 이경열 · 정욱호 · 홍계옥(2005). 영유아발달. 경기 : 양서원.

김대현 · 왕경순 · 이경화 · 이은화(1999). 프로젝트 학습의 운영. 서울 : 학지사.

김선옥(1990). Vygotsky 발달이론에 따른 교사–아동의 상호작용 분석. 부산대학교 교육대학원 석사학위논문.

김수미 · 김은숙 · 오민영 · 원정은 · 이정원(2005). 강남대학교 유아교육과 3학년 수업발표자료.
김유미(2005). 뇌를 통해 본 아동의 정서. 서울 : 학지사.
김유미(2007). 두뇌를 알고 가르치자. 서울 : 학지사.
김재은 · 김태련(2009). 유아교육 보육용어사전. 경기 : 교육과학사.
김정미(2010). 3세와 7세 사이. 경기 : 위즈덤하우스.
김진영 · 백혜리 · 최윤정(2003). 유아를 위한 교수-학습방법론. 경기 : 양서원.
김현자(1999). 교사와 유아의 상호작용의 질이 이야기 나누기 활동에 미치는 영향. 숙명여자대교 교육대학원 석사학위 논문.
김현자 · 서명원 · 박경난 · 박근주(2009). 영유아 수 · 과학교육의 이론과 실제. 서울 : 창지사.
김현자 · 이윤경 · 윤혜원(2010). 영유아 음악교육의 이론과 실제. 서울 : 동문사.
김현자 · 한성심(2012). 영유아교수방법론. 서울 : 태영출판사.
김혜선(2001). 이야기 나누기 활동과 프로젝트 활동에서의 교사와 또래 간의 Scaffolding 분석. 경희대학교 대학원 박사학위논문.
김희진 · 김언아 · 홍희란(2005). 영아교사를 위한 교사교육 매뉴얼. 서울 : 창지사.
김희진 · 오문자 역(1996). 레지오 에밀리아의 유아교육. 경기 : 정민사.
문용린 · 최인수 · 곽윤정 · 이현주(2010). 배려와 나눔을 실천하는 창의인재육성을 위한 창의 · 인성교육 활성화 방안 연구.
문혁준(2002). 유아교육기관에서의 비디오 매체활용. 대한가정학회지, 38(1).
박성익(1997). 교수-학습방법의 이론과 실제. 경기 : 교육과학사.
박찬옥 · 구수연 · 이옥임(2011). 영아-교사 상호작용의 이론과 실제. 경기 : 정민사.
박찬옥 · 정남미 · 곽현주(2008). 놀이지도. 경기 : 정민사.
박혜정 · 강혜원 · 장명림(1987). 유아교육기관의 평가준거 개발연구. 연구보고. 한국교육개발원. 48-86.
변영계(2005). 교수 · 학습 이론의 이해. 서울 : 학지사.
보건복지가족부(2010). 2010 보육시설 평가인증지침서(39인 이하 보육시설, 40인 이상 보육시설).
보건복지부(2012). 표준보육과정. 중앙보육정보센터.
보건복지부 · 한국보육진흥원(2015). 2015 어린이집 평가인증 안내(40인 이상 어린이집).
서영숙(1998). 프로젝트 접근법의 이론적 배경 및 특성. 유아교사를 위한 동계 워크샵 「프로젝트 접근법과 포트폴리오 평가방법」 자료집. 8~14.
서유헌(2006). 아동발달과 뇌발달의 이해. 「건강한 아동, 건강한 뇌」. 한국아동학회 2006 춘계 학술대회자료집, 3-12.
서현 · 이승은(2009). 유치원에서 자유선택활동 후 나타나는 정리정돈의 의미. 유아교육연구. 29(4). 171-196.

신명희 · 박명순 · 권영심 · 강소연(1998). 교육심리학의 이해. 서울 : 학지사.

신의진(2004). 과잉조기인지교육이 유아의 성장발달에 미치는 영향. 교육인적자원부 정책연구 결과보고서. 교육인적자원부.

신화식 · 양옥승 · 신현옥 · 이상화 · 김명희 · 김향자 · 곽노의 · 이희경 · 오은순 · 김영숙 · 이성희 · 배지희(2004). 영유아교육 프로그램. 경기 : 교문사.

우남희 · 서유현 · 강영은 · 신정숙(2002). 영유아에 대한 조기영어교육의 적절성에 대한 연구. 교육인적자원부.

위영희 · 한성희 · 박정원 · 석은선 · 문혁준 · 이희정(2008). 영유아 교수방법. 서울 : 창지사.

유애열 · 이연승 · 이한영 · 송혜린 · 조혜진 · 고동섭(2005). 보육시설 평가인증을 위한 조력프로그램 개발연구. 2005년도 여성부지원 연구보고서.

유혜령 · 강은희 · 박지영(2009). 유아교수공학과 교수학습방법. 서울 : 창지사.

유혜령 · 김은경(1997). 유아교육현장에서의 VCR 활용실태와 문제점에 관한 연구. 아동교육, 6(2). 69-83.

윤희경 · 임미혜 · 김애옥 · 이분려 · 장미아 · 고영희(2003). 현장중심 유아교수–학습방법. 서울: 창지사.

이경화 · 유경훈(2014). 창의성. 서울 : 동문사.

이경희 역(1993). 마음의 틀. Gardner, H.(1983). Frames of mind : The theory of multiple intelligences. 경기 : 양서원.

이기숙 · 장영희 · 정미라 · 홍용희(2002). 유치원에서의 특별활동 실시현황 및 교사의 인식. 아동학회지 23(4). 137-152.

이상욱(2006). 21C 유아교사론. 서울 : 창지사.

이성호(1999). 교수방법론. 서울 : 학지사.

이순형 · 이혜승 · 이성옥 · 황혜신 · 이영미 · 정윤주 · 한유진 · 성미영 · 권기남 · 김지현(2007). 영유아 교수방법. 서울 : 학지사.

이영석(1997). 유아교육론. 서울 : 형설출판사.

이영석 · 박재환 · 김경중(1985). 유아교육개론. 서울 : 형설출판사.

이영자 · 박미라 · 최경애(1999). 유아교육 교수매체. 경기 : 교문사.

이영자 · 박미라 · 최경애(2001). 유아교육교수매체. 경기 : 교문사.

이영자 · 이기숙 · 이정욱(2009). 유아 교수 · 학습방법. 서울 : 창지사.

이옥형(1997). 아동발달. 서울 : 집문당.

이은혜 · 박진재 · 송연주 · 송혜린 · 신혜영 · 정선진 · 최혜영 역(2009). 유아교수방법 : 교육적 의도를 가진 교사. 경기 : 양서원.

이창미 · 장혜성 · 김수진(2003). 장애아 통합보육론. 경기 : 교육과학사.

이화복(2005). 교사의 발문유형과 유아의 창의성이 미술표현력 및 감상력에 미치는 영향. 충남

대학교 교육대학원 석사학위논문.

임정훈 · 한기순 · 이지연(2008). 교육심리학. 경기 : 양서원.

전선영 · 유향선 · 김은심 · 문용은(2005). 유아교사를 위한 교수매체의 이론과 실제. 서울 : 창지사.

정옥분(2004). 발달심리학. 서울 : 학지사.

조성연 · 이정희 · 천희영 · 심미경 · 황혜정 · 나종혜(2010). 아동발달. 서울 : 도서출판 신정.

최윤정(2014). OECD의 최적의 학습 준거에 근거한 3-5세 연령별 누리과정의 교수 · 학습방법 분석. 육아지원연구 9(4). 29-55.

허영림 · 윤혜진(2002). 어머니의 양육스트레스에 관한 연구. 열린유아교육연구, 6(4), 85-101.

홍사혁(2001). 유치원 교사의 교수매체 활용실태에 관한 연구. 경기대학교 교육대학원 석사학위논문.

홍순정 · 박선희(2005). 교수학습이론과 매체. 한국방송통신대학교 출판부.

황정규 · 이돈희 · 김신일(1998). 교육학개론. 경기 : 교육과학사.

Ainsworth M. D. S., Bell, S. M., & Stayton, D. J. (1971). Individual differences in the strange situation behavior of one-year-olds. In H. R. Schaffer (Ed.), *The origins of human social relations* (pp. 17-58). San Diego, CA : Academic Press.

Ainsworth, M. D. S.(1979). Attachment as Related to Mother-Infant Interactions. In J. Resenblatt, R. Hinde, C. Beer, & M. Bushen, (Eds.), *Advances in the Study of Mother-Infant*(Vol. 9, 1~5). New York: Academic Press.

Anna, H., Bodil, E., & Benig, E. A.(1997). Climates in Swedish Day Care Centers : Children' s Behavior in Differing Centers. *Journal of Research in Childhood Education, 11*(2), 181-187.

Atkinson, P. T. & Fleer, M.(1995). Science with reason. Portsmouth, NH : Heinemann.

Bergen, D.(2000). Linking technology and teaching practice. Technology in the Classroom. Childhood Education, 76(4), 252-253.

Bigge, M. L.(1964). *Learning theories for teachers.* NY : Harper & Row.

Bloom, B. S.(1956). *Taxonomy of educational objectives.* London: Longman Green.

Bornstein, M., & Bornstein, H.(1999). *Caregiver' s responsiveness and cognitive development. In Infants and toddlers : Theory and research, infant toddler caregiving: A guide to cognitive development and learning,* Sacramento: California Department of Education.

Bowlby, J.(1969). *Attachment and loss: Vol. 1. Attachment.* London: Hogarth Press. New York : Basic Books.

Bowman, B., Donovan, M. S., & Burns, M. S. (Eds.)(2001). Eager to learn : Educating our preschoolers. Washington, DC : National Academy Press

Bredekamp, S. & Rosegrant, T.(1992). Reaching Potentials : Transforming early childhood curriculum and assessment(Vol. 1). Washington, D.C. : NAEYC.

Bruner, J. S.(1966). Toward a theory of instruction. Cambridge, Mass. : Harvard University Press.

Carlsson, S. G., Fagerberg, H., Homeman, G, Hwang, C. P., Larsson, K., Rodholm, M., Schaller, J., Danielsson, B., & Gunderwall, C.(1978). Effects of amount of contact between mother and child on the mother's nursing behavior. *Developmental Psychology, 11*, 143-150.

Carner, R. L.(1967). "Levels of Questioning" in James Raths, et al. (ed.), Studying Teaching, Englewood Cliffs, 182-186. N. J. : Prentice- Hall.

Cathyn L. Kelly, Susan J. Spieker & Tracy G. Zuckerman(2003). Toddler' s Attachment Security to Child-Care Providers : The Safe and Secure Scale. *Early Education & Development, 14*(1), 83-100.

Charner, K., Murphy, M., & Ford, J.(2005). *The giant encyclopedia of transition activities.* Gryphon House.

Clark, A. M.(2003). The ABC's of Quality Child Care. Delemar Learning, a division of Thomson Learning, Inc. New York.

Corey, Stephen M.(1967). The Nature of Instruction, in Programmed Instruction, 66th Yearbook, Part Ⅱ of the National Society for the Study of Education. Chicago : University of Chicago Press, 5-27.

Dale, E.(1969). Audiovisual methods in teaching. New York : Holt, Rinehart & Winston.

Day, D. E.(1983). Early childhood education : A human ecological approach. Glenview : Scott, Foresman.

Deveries, R., & Zan, B.(1994). Moral classrooms, moral children. Creating a constructivist atomosphere in early education. NY : Teacher College Press.

Donna S. Wittmer, Sandra H. Petersen(2006). 이승연 외 공역(2011). *Infant and Toddler Development and Responsive Program Planning.* 영아발달과 반응적 교육-관계중심 접근법. 서울 : 학지사.

Douglas R. Powell(2001). Characteristics of High-Quality Programs of Child Care and Early Education in the United States. 보육시설에서의 포괄적 보육서비스. 제9회 국제학술대회. 188. 삼성복지재단.

Elicker, J.(1997). Developing a relationship perspective in early childhood research. *Early Education and Development, 8*, 5-10.

Field, T.(1997). The treatment of depressed mothers and their infants. In L. Murray & P. J. Cooper(Eds.), Postpartum depression and child development(221-236). New York : Guilford Press.

Gagné Robert M. & Lesilie Briggs. (1975). *Principles of Instructional Designs*. New York : Holt, Rinehart and Winston.

Glaser, R.(1962). Psychology and instructional technology. In R. Glaser (ed.), *Training research and education*. Pitts. : Univ. of Pitts. Press.

Hauser-Cram, P., Warfield, M. E., Shonkoff, J. P., & Krauss, M. W.(2001). Children with disabilities. A longitudinal study of child development and parent well-being. *Monographs of the Society for Research in Child Development*, *66*(3), Serial No. 266.

Hilgard, E. R. & Bower, G. H.(1981). Theories of learning(5th ed.). Englewood Cliffs, NJ : Prentice Hall.

Hoing, A. D.(1985). High qualith infant/toddler care : Issues and dilemmas. *Young Children, 41*(1), 40-46.

Howes, C., & Hamilton, C. E.(1992). Children's Relationships with Child Care Teacher : Stability and Concordance with Parental Attachment. *Child Development*, *63*, 867-878.

Katz, L. G.(1994). Images from the world : Study Seminar on the Experience of the Municipal Infant-Toddler Centers and Preprimary Schools of Reggio Emilia. Italy, In L. G. Katz,(Ed.), Reflections on the Reggio Emilia Approach, ED 375 986. 1-18.

Keller, J. M.(1981). Motivational design research group annual report. Syracuse : Syracuse University. Instructional design, Development and Evaluation Program.

Leeper, S.H., Witherspoon R. L., & Days B.(1984). Good Schools for Young Children(5th ed.). New York : Macmillan Pub. Co. Inc.

Lombardi, J.(2003). Time to Care, Temple University Press.

Mayer, R. E.(1982). Learning. In H. E. Mitzel(Ed.), Encyclopedia of educational research (1040-1058). New York : Free.

Osborn, A. F.(1963). Applied imagination(3rd ed.). New York : Scribners.

Pierce, P. L.(1994). Technology interaction into early childhood curricula : Where we've been, where we are, where we should go. ERIC document ED 386901.

Reigeluth, C. M., & Stein, F. S.(1983). The elaboration theory of instruction. In C. M. Reigeluth(ed.), Instructional design theories and models : An overview of their current status. N.J. : Hillsdale, Lawrence Erlbaum Associates. 3-36.

Roopnarine, J. & Johnson. J. E.(2009). 이진희 외 공역(2010). *Approaches to Early Childhood Education, 5/E*. 영유아 프로그램의 다양성과 역동성. 서울: 아카데미프레스.

Salomon, G.(1979). Interaction of media, cognition and learning. San Francisco : Jossey-Bass Pub.

Sears, W., & Sears, M.(2001). *Attachment parenting: A Commonsense guide to understanding and nurturing your baby*. New York : Little, Brown.

Shonkoff, J. A., & Phillips, D. (Eds.).(2000). *Form neurons to neighborhoods. The science of early childhood development.* Washington, DC : National Academies Press.

Trepanier-Street, M. L. Hong, S. B., & Bauer, J. C.(2001). Using technology in Reggio-inspired long-term projects. *Early Chidhood Education Journal, 28*(3), 181-188.

Vygotsky, L. J.(1978). Interaction between learning and development. In V. Steinet(Ed.), Mind in society(pp.79-91). Cambridge : Harvard University Press.

저자소개

✍ 김현자

- 숙명여자대학교 대학원 아동복지학과 졸업(박사)
- 현, 두원공과대학교 유아교육과 교수
- 저서 : 유아수학교육(공저, 창지사, 2014)
  영아발달(공저, 태영출판사, 2015)

✍ 한성심

- 숙명여자대학교 대학원 아동복지학과 졸업(박사)
- 현, 그리스도대학교 아동복지학과 교수
- 저서 : 보육학개론(개정, 공저, 태영출판사, 2010)
  영아발달(공저, 태영출판사, 2015)

✍ 임미선

- 성신여자대학교 대학원 유아교육학과 박사과정 수료
- 현, 아이다움 유치원 원장
  두원공과대학교 유아교육과 겸임교수

영유아교수방법

초판발행 2015년 9월 10일
6판발행 2019년 8월 20일

2019. 8.

저 자 김현자 · 한성심 · 임미선
발행인 김현태
발행처 태영출판사

주 소 (08371) 서울시 구로구 디지털로31길 90, 115-1601
전 화 02 · 839-3757, 839-3752
팩 스 02 · 837-3754

등 록 2005년 5월 30일 제12-421호
http://www.taeyeongbook.co.kr
E-mail tys2005@hanmail.net
ISBN 978-89-6302-176-8 93370
정 가 19,000원

NAVER
태영출판사

* 잘못 만들어진 책은 교환해 드립니다.